Tu Primer Millón:

Una historia de perseverancia y liderazgo indispensable para todo emprendedor.

Agradecimientos.

A mi Dios. Porque no se mueve la hoja del árbol si no es por su voluntad.

A mis Padres. Aún no alcanzo a concebir tanto sacrificio que nos dieron. Algún día espero poder compartir el nivel de amor que he recibido de ustedes.

A mi pareja. Disto mucho de ser perfecto pero aquello que soy lo comparto contigo, porque mi Dios me puso un alma amorosa, comprensiva y sensata para caminar juntos y que, con su sola presencia, ayuda a sosegar mi revoltoso espíritu.

JCAC. Amigo: De no ser por ti, no hubiera abierto la posibilidad de volver a creer en mí.

Rodrigo S. Bro: Eres mi amigo, eres mi *coach*, has sido quien me ha confrontado y obligado a crecer. Pocas personas tienen tanto aprecio y cariño como para hacer algo así por alguien que no es ni de tu sangre, pero sí con espíritus conjuntos.

A mi equipo pasado, presente y futuro. Ustedes han hecho posible que esta obra sea realidad. Esta obra es mi regalo para todos ustedes a la posteridad.

Introducción.

Quiero agradecer al lector por su paciencia y apertura al leer este libro.

De ninguna manera me considero un autor profesional, un experto o un gurú en materia alguna, mucho menos en temas de dinero, emprendimiento, negocios, inversiones y similares.

"¿Y entonces?" Quizá te preguntarás.

Soy un emprendedor. Mi historia de emprendimiento, como podrás leer páginas adelante, inicia de muy joven, ya que mi origen es de familia de genuina clase baja, en la Ciudad de México.

A lo largo de más de veinte años de emprendimiento, he cometido múltiples errores y equivocaciones, mismas que me han llevado a un mismo (y quizá mayor) número de aprendizajes, reflexiones y descubrimientos.

Hoy, pomposamente le llaman "tener experiencia" a las caídas, aprendizajes y golpes con la vida. Ante este concepto, me considero, pues, como una persona con una "amplia experiencia", debido a que mis errores, caídas y aprendizajes son, en verdad, muchos.

Desde que tengo uso de razón me gusta compartir. Cuando encontraba un juego, una canción o un programa de televisión, iba corriendo con mi familia, amigos o parientes a compartírselos y que también lo conocieran.

A lo largo de toda mi vida he seguido haciéndolo: compartir. No es materia ni de esta introducción ni de este libro ahondar en esa parte. Sin embargo, me queda claro que la docencia, enseñar, explicar, compartir aquello que he aprendido o entendido es inherente a mí, tal como nadar es inherente a los peces.

Mi estilo de compartir, debo admitirlo, aún no puedo considerarlo ni refinado ni especializado. Solo soy alguien que cuenta una historia: su historia; y sobre ella va explicando aquello que aprendió, aquello en lo cual se equivocó, aquello que le produjo resultados.

Por ello, debo adelantarte una disculpa, mi estimado lector, ya que este libro no está escrito por un autor profesional, ni pretende ser un manual didáctico que te lleve a desarrollar un resultado.

Sin embargo, sí está concebido para que mis aprendizajes los recibas tal como si estuviera charlando en persona contigo, en un lenguaje cotidiano, con expresiones de uso común y, tal cual, como si un amigo te contara su experiencia, lo que erró, lo que aprendió y los consejos que puede compartir contigo.

Reitero que no es un manual, un escrito de un experto o de un gurú. Es una charla que considero amena y sencilla pero, sobre todo, cargada de sinceridad y de aquellos aprendizajes que a mí, literal, me han costado media vida adquirir y que hoy pretendo sintetizar y transmitir, aunque sea una parte de ello, mediante estas páginas.

Si tú eres emprendedor, tienes algún negocio propio, quieres invertir o desarrollar proyectos, definitivamente puedo asegurarte que, si logramos, por mi parte transmitir y por tu parte recibir el verdadero mensaje, podremos ahorrarte múltiples caídas, acelerar tu proceso de crecimiento y maduración, e impulsar esos sueños, esas metas, esos anhelos que, créeme, son cien por ciento realizables.

Voy a terminar esta introducción con un párrafo que proviene del final del libro. Es el inicio, y al mismo tiempo el final, que nos ayuda a redondear y perfilar detenidamente el "por qué" y "para qué" de esta obra.

El mundo merece y necesita millonarios. Necesitamos que te quites la idea de que el millonario es malo, de que el dinero es malo, de que "¿Yo para qué quiero eso?" Jugando chiquito no le ayudas al mundo. El mundo necesita millonarios que inviertan en fundaciones, que inviertan en comercio justo, que inviertan en otros emprendedores. El mundo necesita millonarios pero, para ser millonario, se requiere una humildad enorme.

Con los consejos que te comparto a lo largo de la charla, si los aplicas, tú también puedes alcanzar tu primer millón, como yo alcancé mi primer millón de pesos de facturación a los veintidós años, y cómo alcancé mi primer millón de dólares de facturación a los treinta años. Pero no sólo eso; si esto logra inspirar, logra despertar, logra crear conciencia, logra abrir los ojos, logra pavimentar el camino aunque sea a una sola persona, entonces habremos ganado mucho la humanidad entera, al elevar la vibración, la calidad, la prosperidad y la riqueza ilimitada que nos pertenece.

Comparto esta obra con mucha ilusión, anhelos y alegría, esperando que, aquel día que yo deje de estar en este mundo, mi pasión, mi experiencia y mis aprendizajes no se vayan conmigo, sino que puedan ser recibidos, mejorados, multiplicados, esparcidos y, entre todos, sigamos entregando un mundo cada vez mejor que aquel que nos fue entregado.

Este puede ser el inicio de un camino estratosférico. Vamos juntos, que es hora de generar Tu Primer Millón.

Pedro Osvaldo Ramírez.

México. Diciembre 2014.

Capítulo 1.

"...Tu autoestima y tu autoimagen determinan tu nivel de ingreso. Te toma el mismo esfuerzo vender a quien no tiene dinero que a quien sí lo tiene..."

Creo que lo correcto es iniciar presentándome.

Mi nombre es Pedro Osvaldo Ramírez y crecí en un sitio único y particular llamado Ecatepec, en el Estado de México.

Ecatepec es catalogado como el municipio más poblado de todo México, aunque no necesariamente es el más grande, por lo cual es un lugar con muy alto hacinamiento. La realidad es que es un sitio muy retador, con niveles de marginación, pobreza, delincuencia e inseguridad muy altos.

En casa tuve techo y comida. Fin de la historia. Mi ejemplo es de dos padres emprendedores con orígenes realmente humildes. Mi padre, cuando era joven, llegó a desmayarse camino a su escuela, debido al hambre y la poca comida que consumía. Ellos se casaron muy jóvenes (ella tenía quince y él diecisiete años), de tal suerte que mi padre tuvo que abandonar sus estudios para sostener a su familia. Ella, quien apenas había terminado la primaria, siempre lo ayudó y respaldó trabajando los emprendimientos que él iniciaba. Son y han sido un enorme y tremendo ejemplo para mí.

Mi infancia la viví en medio de un negocio de autopartes y un negocio de "raspados" (hielo raspado a mano, endulzado con mieles de distintos sabores frutales). Salía yo de la primaria y ayudaba a mis padres a atender sus negocios. Yo no lo sabía, no lo sentía, pero hoy lo sé: ambos trabajaban realmente duro para generar el equivalente a dos salarios mínimos.

Debido a su falta de escolaridad, era muy complicado para ellos obtener algún empleo y encontraron el camino para generar ingresos en el autoempleo.

Recuerdo que, en aquella época, tardaba yo alrededor de dos o tres horas para elegir un par de zapatos, debido a que probablemente pasarían tres o cuatro años antes de que volviera a tener zapatos nuevos. Cuando las personas a mí alrededor ya tenían videocasetera, nosotros no podíamos comprarla debido a que "había que ahorrar". Cuando los vecinos ya tenían teléfono en sus casas, pasaron años antes de que nosotros tuviéramos línea en casa, ya que "había que ahorrar".

Durante toda nuestra infancia recuerdo que el agua para bañarnos la calentábamos en la estufa y llevábamos dos grandes ollas (una con agua caliente y otra con agua fría) y al mezclarla, ya por fin teníamos con qué bañarnos. Admito que me daba mucha pereza bañarme debido a todo el proceso que debía llevar. Hoy sé que nuestra familia perfectamente podía estar catalogada dentro de la pobreza.

No digo que fuéramos pobreza extrema, pero debido a la zona, al nivel de ingresos, a los aditamentos en la casa, perfectamente cabíamos en la clasificación de pobres. Y también recuerdo que el sueño de mi padre siempre fue llegar, tarde o temprano, fuera de esa situación.

Mi primer negocio lo tuve a los nueve años de edad y fue un espacio en un mercado sobre ruedas (en México le llamamos "tianguis").

Salía de la escuela y ponía mi "local" improvisado en el suelo con algunas lonas y ahí vendía.

Recuerdo que quería practicar Tae Kwon Do. Naturalmente no teníamos los medios para pagarlo, así que hice lo mismo que observaba todos los días en mis padres: me puse a trabajar para generar dinero por mí mismo.

Probablemente, por ello el emprendimiento es algo muy natural en mí debido a que mis padres se vieron obligados a emprender para darnos la manutención. Y aquí puedo rescatar dos de los primeros grandes aprendizajes de mi vida de emprendimiento:

1.- Tu origen no determina tu destino. La realidad es que podíamos simplemente ser una familia de clase pobre que ganaba dinero, gastaba en pequeños lujos y vivía igual que su entorno. De haber sido así, definitivamente no hubiera tenido las experiencias que la vida me permitió, y tú no estarías leyendo este compendio de ellas. Pero mi padre siempre nos repitió que valíamos mucho más de lo que estábamos recibiendo, que "tarde o temprano, de tanto pegarle a la piñata, ésta se rompería".

Aunque nuestro entorno era pobre, debido a su mala administración (nuestros vecinos ganaban igual o inclusive más dinero que nosotros y lo gastaban en baratijas de moda y en el gasto corriente), nosotros valíamos lo que nosotros decidiéramos y merecíamos un mejor estilo de vida que el que estábamos llevando.

15

2.- Es más fácil que aprendas a hacer aquello que ves que otros hacen. Es indudable que el espíritu emprendedor de mis padres influyó en mí. Para mí fue muy natural poner un pequeño negocio a los nueve años: pedir cosas prestadas, venderlas, ahorrar, pagar cuentas, ofrecer, encontrar clientes, debido a que es lo que veía todos los días.

Hoy en día, inclusive uno de mis cuñados se molesta cuando ve que sus hijos quieren emprender, argumentando que ellos no tienen por qué trabajar ni por qué comerciar, que para eso él tiene un empleo y les da un gasto.

Las personas aprendemos a partir de la observación y la duplicación. Una persona que ve a sus familiares ser empleados, verá con ojos de recelo los emprendimientos (claro, a menos que sea de esas "ovejas negras" que piensan distinto a su entorno), mientras que aquellos que crecimos en medio de emprendedores vemos muy natural emprender.

Y aquí quiero resaltar algo. **Nadie le enseñó a emprender a mis padres. Ellos debieron aprender la fórmula, a prueba y error.** Y ello me llevó también a explorar, equivocarme, tener paciencia y aprender que no importan los errores. **Equivócate cuantas veces sea necesario.** Aprendiste a caminar cayéndote múltiples ocasiones. Aprendiste a hablar ¡hablando mal! Y sobre la marcha pudiste corregirlo y perfeccionarlo. El emprendimiento es exactamente lo mismo. No existe el camino correcto pero, mientras le sigas pegando a la piñata, tarde o temprano ésta se romperá.

Estudié mi educación media en una escuela de educación pública. En aquel entonces ya tenía un pequeño negocio de armado y venta de computadoras personales. En aquella época apenas iniciaba el auge de las computadoras personales. Las marcas famosas, como Acer, Hewlett Packard (sí, aún no les llamábamos HP) o Compaq acaparaban el mercado y era caro y prohibitivo acceder a una computadora personal.

Mi hermano mayor estaba estudiando ingeniería en computación en la UNAM y yo lo observaba cuando reparaba computadoras y les instalaba el software. Luego, aprendí por mí mismo. Compraba las partes de las computadoras y las armaba, totalmente "a la medida", a petición y gusto de mis clientes. Sabía instalarles software actualizado y constantemente me llamaban clientes para venderles su equipo de cómputo o dar servicio técnico al que ya tenían.

En aquel entonces no sabía yo cobrar por mis servicios, por lo que ganaba mucho menos de lo que se debía o podía ganar, pero ganaba mucho más que todos mis compañeros. Me alcanzaba perfecto para mis gastos como estudiante de educación pública y tenía una holgura financiera.

De este punto, quiero resaltar también cuatro aprendizajes importantes:

1.- Un emprendedor es autodidacta. No existen manuales que te enseñen cómo desarrollar tu producto o servicio. Pero tampoco existen manuales que te enseñen cómo dirigir tu negocio, cómo crecerlo o qué cosas son correctas o incorrectas. Nadie te enseña a dirigir o desarrollar visión. No hay estrategias probadas para encontrar "el nicho de negocio adecuado". Como emprendedor, deberás aprender por ti mismo muchas de las habilidades que se requieren. ¿Cuáles son? Podría darte una lista de ellas y probablemente quede incompleta, ya que inclusive la propia lista ha sido diseñada de forma autodidacta. No existen los manuales ni las guías exactas de realizarlo.

2.- Un emprendedor encuentra y ofrece soluciones que otros no pueden, o no quieren realizar. No hay nada nuevo bajo el sol. Solo hay problemas por resolver que muy pocos o casi nadie puede o quiere resolver. Por lo general, al resolver un problema, surgirán nuevos problemas a partir de ahí. La verdadera riqueza financiera llegará a ti entre mejor y mejor te vuelvas para resolver problemas de mayor complejidad que, al resolverlos, resuelvas la situación de más y más personas. La gente es feliz de dar su dinero a aquellos que realmente les solucionen el conflicto que ellos no saben o no quieren esforzarse en resolver.

3.- Tu autoestima y tu autoimagen determinan tu nivel de ingreso. Hoy sé que yo estaba ganando solo una cuarta parte de lo que podía y debía ganar por aquella actividad. Pero, debido a mí entorno, al ser estudiante de educación media pública y que mis clientes eran consumidores del mismo estrato social, cobraba de acuerdo con el lugar donde me encontraba.

Tengo que decírtelo: Te toma el mismo esfuerzo vender a quien no tiene dinero que a quien sí tiene dinero... ¡el mismo! Tú eliges a quien venderle.

Naturalmente también depende de tu autoestima y autoimagen. Tendrás que trabajar fuertemente en tu autoestima y autoimagen, ya que, con una autoestima baja y una autoimagen baja tus resultados financieros serán bajos. Con una autoestima alta y una autoimagen alta tus resultados financieros serán altos. En aquel entonces yo me veía a mí mismo como un estudiante emprendedor y cobraba como tal. Hoy me veo a mí mismo como un millonario emprendedor, y me gusta generar como tal.

4.- En la tierra de los ciegos, el tuerto es el rey. Dado que las personas a mí alrededor ganaban menos que yo, entonces me sentía satisfecho con los pocos resultados que tenía. Técnicamente, yo era el "ricachón" de mi grupo y por ello no buscaba generar más.

Aquellos que dicen "No necesito más dinero" es porque sueñan muy bajo, probablemente por el entorno en el cual se desenvuelven. Si ya tienes todo para vivir bien, perfecto puedes comenzar a soñar con aprender un arte o un deporte. Ahora puedes soñar con viajar y crear nuevos emprendimientos. Si ya tienes mucho, puedes soñar con apoyar una fundación o una causa. Pero es determinante el medio contra el cual te compares. "Tengo todo lo que necesito" es una frase mediocre. No significa que vivas a disgusto o que siempre requieras más. Pero sí se trata de que siempre puedes crecer más.

19

Si te mides con un entorno que tiene menos que tú, creerás que ya llegaste; pero si te mides con un entorno que logra muchas más cosas de lo mismo que tú quieres lograr, te darás cuenta que aún tienes mucho por lograr.

Mi paso por la Escuela Nacional Preparatoria (así se llamaba mi bachillerato) fue fascinante. Debo admitir que reprobé varias materias. Algunas las recursé y otras las presenté en exámenes extraordinarios. Y es que mi naturaleza seguía siendo inquieta y emprendedora. Participaba en muchas actividades y eso me retrasaba muchas veces para hacer mis tareas o acudir a mis clases.

Un emprendedor generalmente tiene que pagar precios altos por desarrollar sus ideas y cumplir sus metas. La realidad es que me costó trabajo graduarme debido a que, para mí, las materias eran solamente un mal necesario. Aunque algunas de ellas me gustaban mucho, el hecho de tener que cumplir con las formas y los tiempos de manera obligatoria, era justamente lo que producía desenfoque.

Puedo asegurarte que **tus calificaciones escolares nunca serán un reflejo de tu inteligencia** o tus habilidades de negocio, pero también puedo compartirte que, bien aprovechada, la escuela puede ser un generador de disciplina y orden, las cuales son habilidades importantes a la hora de iniciar y sostenerse en un emprendimiento.

Capítulo 2.

"...No existe una sola carrera que te enseñe a ser millonario. Todas las carreras te enseñan a desarrollar un trabajo pero ninguna te enseña a desarrollar dinero..."

Antes de iniciar la universidad ya tenía yo muy claro que no pretendía estudiar una carrera profesional para ejercerla. La verdad es que no me veía dentro de un empleo. Ya leía de manera cotidiana publicaciones de negocios, revistas y periódicos financieros. Me gustaban. Soñaba con conocer a aquellas personas y aprender qué es lo que ellos sabían que yo no. Aún era muy joven, trabajando muy duro en mis proyectos, pero solo cuando trabajaba tenía ingresos. Y si no trabajaba, no ganaba dinero. Sin embargo, las personas que salían en las revistas no parecían trabajar millones de horas para ganar millones de dólares.

En aquella época comenzó a formarse en mi mente la idea de ser millonario. Recuerdo bien que lo establecí:

"A más tardar, a los veinticinco años habré generado mi primer millón de pesos, y por mucho, a mis treinta años habré generado mi primer millón de dólares".

No sabía cómo, y en verdad tampoco tenía la más remota idea, pero ese pensamiento se había fijado en mí.

Investigué muchas universidades. Por supuesto que la universidad pública no era mi opción.

Quiero resaltarte algo: Frente a mis ojos, la educación pública sólo es opción cuando no sabes generar ingresos. Pero yo sabía ganar dinero, por lo tanto, si requería más dinero simplemente debía trabajar más duro.

Imagínate mi grado de enfoque, ya que perfectamente sabía que quería ser millonario. Y me dediqué a buscar qué carrera, qué universidad podía darme esa enseñanza. Revisé escuela por escuela, carrera por carrera, plan de estudios por plan de estudios, materia por materia, para encontrar aquella que pudiera enseñarme como ser millonario.

¿Cuál crees que fue el resultado al cual llegué?

Naturalmente, **no existe una sola carrera que te enseñe a ser millonario.** Después podremos abordar con detalle ese tema.

Todas las carreras te enseñan a desarrollar un trabajo, pero ninguna te enseña a desarrollar dinero. La medicina te enseña a curar; la administración te enseña a ser "todólogo" en una empresa; la ingeniería te enseña procesos y sus detalles. Pero ninguna te enseña cómo desarrollar dinero.

Una vez que di con una pared de concreto al entender que ninguna carrera me enseñaría cómo volverme millonario, mi búsqueda entonces se enfocó en la universidad. **Necesitaba estar en medio de los millonarios.** Necesitaba poder entender su pensamiento. Requería conocer, no sólo su estilo de vida, sino sus formas de pensamiento. Y ese fue el factor decisivo para elegir carrera universitaria. Elegí la carrera "menos peor" en el único campus que encontré y que estaba a mi alcance para poder rodearme de lo más alto que yo conocía en aquel momento: decidí estudiar en el Tecnológico de Monterrey, Campus Santa Fe.

Y quiero aclarar un poco. Decidí ese campus, al cual, para llegar, debía recorrer un trayecto de dos horas por la mañana y dos horas por la noche para regresar.

Imagínate. Muy de madrugada veía a los clientes de mis proyectos, alrededor de las seis o siete de la mañana. Luego, acudía a clases de nueve a cinco. Después acudía a ver más clientes. Por la noche, hacía tarea y dormía unas tres o cuatro horas... ¡y de vuelta a la escuela!

¿Había campus que resultaran más cercanos a mí y menos complicados? Claro que sí. Pero recuerda que a mí no me interesaba la carrera. Me interesaba rodearme de las personas adecuadas, y las personas adecuadas no estaban en ningún otro campus de la ciudad. Probablemente me hubiera encontrado con emprendedores, con personas de clase media que querían salir adelante. Pero otros emprendedores sabían lo mismo que yo: emprender. Y yo no quería emprender... **¡quería ser millonario!**

Esto es complicado de explicar. No significa que no quisiera emprender: soy emprendedor hasta el hueso. Sólo quería saber cómo ser millonario. Quizá el camino sería mediante el emprendimiento, pero había muchas cosas de ser millonario que yo no sabía, y ellos tampoco lo sabían, ya que si lo hubieran sabido, ellos serían los millonarios. Lógico, ¿no?

Asistir a uno de los colegios más caros del país en uno de los campus más caros del país era muy retador. No sólo el costo de la colegiatura. También el estilo de vida ahí dentro. Yo me movía en transporte público. Hubo una época en que inclusive traía un Volkswagen sedán año 1985 que se quedaba sin batería cada cierto tiempo, porque todos mis ingresos se iban a la colegiatura. Además, trabajaba muy duro para pagar y por ende era aún más difícil cumplir con las materias.

Recuerdo algunas ocasiones, sobre todo jueves y viernes, en que yo llegaba en el último minuto de tolerancia a mis clases, y varios de mis compañeros también llegaban en el último minuto, con la diferencia de que yo venía de ver a mis clientes y ellos venían saliendo de las fiestas.

Pero, definitivamente era un mundo totalmente distinto. Mientras que mi círculo de origen charlaba en cientos de pesos, yo charlaba en miles, y mi círculo en la escuela charlaba en cientos de miles de dólares. Mientras que yo aprendía a generar dinero trabajando, ellos charlaban con sus padres sobre estrategias de inversión. Mientras yo sabía ahorrar centavos, ellos sabían ahorrar miles.

Y aquí debo resaltar algo interesante. Los ricos son los mejores ahorradores del planeta. Comúnmente creemos que una persona rica es una persona acostumbrada a gastar mucho y darse la buena vida, y eso es una verdad a medias, por lo tanto también es una mentira completa.

Los peores ahorradores del mundo son los pobres. Los pobres gastan todo lo que reciben. Entre gastos hormiga, caprichos y cosas superfluas, además del gasto corriente se les va el total de sus ingresos y hasta más.

Por ejemplo. Recuerdo un consejo que me dio una vez el papá de uno de mis compañeros: "**Osvaldo, cuando adquieras un automóvil, que el valor de éste nunca rebase el diez por ciento del total de tus activos.** Por ejemplo, si vale cuarenta mil dólares, significa que tienes, por lo menos, cuatrocientos mil dólares en activos que lo respalden".

¡Wow! Eso sí era un verdadero consejo de finanzas. La mayoría de los pobres rentan o tienen una casa humilde que están pagando o viven en casa de un familiar. No tienen negocios, patentes, marcas, sistemas de negocio, activos que les produzcan flujo de efectivo constante y sonante; y aun así les gusta tener un automóvil, teléfonos celulares, viajes, buena ropa que rebasa, por mucho, el diez por ciento de su total de activos.

Aprendí que **no existe realmente la clase media**. En este mundo hay solamente pobres y ricos. ¿Cuál pudiera ser la diferencia? La forma en que generan sus ingresos.

El pobre come de lo que trabaja, sin importar su volumen de ingresos, y sus gastos son pagados directamente por el fruto de su trabajo.

El rico come de lo que produce su dinero, y sus gastos no los paga su esfuerzo, los pagan sus activos.

El escritor Robert Kiyosaki, quien es hoy por hoy uno de los autores de finanzas personales más reconocidos del mundo, lo explica muy bien en su libro *"Padre Rico, Padre Pobre"*:

"**La forma de pensamiento de los pobres** es: trabajo (puede ser que trabaje muy duro o poco) y con ese dinero pago "pasivos" (definiendo pasivos como todo aquello que disminuye mi dinero disponible o que quita dinero de mi bolsillo). Con el dinero que gané trabajando, pago la renta, la luz, el agua, la despensa, y al final de ello, me queda muy poco dinero, el cual termino gastando en algún lujito que realmente no necesitaba.

La forma de pensamiento de los ricos es: trabajo y ese dinero lo invierto en activos. Los activos producen un flujo de efectivo que pague mi estilo de vida. Si el flujo de efectivo es reducido, entonces no tengo problema en tener un estilo de vida reducido, y trabajo aún más duro, no para gastarlo, sino para hacer crecer el activo, sabiendo que cuando el activo crezca podrá producir mucho mayor ingreso de lo que yo pueda producir con mi propio trabajo. Una vez que el primer activo es grande y estable, invierto en un segundo activo. Trabajo muy duro para alimentar de mi esfuerzo, y de las ganancias del primer activo, al segundo activo, y así crece más rápido, más fuerte, y me da una mejor calidad de vida. Luego, con los ingresos de mi trabajo más los ingresos que producen los dos activos, invierto en un tercer activo, y con ello aumente mucho más mi calidad de vida."

Cuando entiendes este concepto, entiendes por qué en realidad no existe una clase media. La clase media en realidad podemos definirlo como pobres con un mayor ingreso. Sin embargo, su patrón mental, su patrón de pensamiento, es exactamente el mismo patrón que los pobres: todo el dinero que ganan se lo gastan sin aprender a invertir. Y dado que su única fuente de ingresos es su trabajo, si no trabajan, no comen. Eso genera una codependencia maligna con sus empleadores. Si no tienen un empleador que les asigne un ingreso, no tienen ingresos. Eso es muy peligroso.

Eso no lo enseñan en ninguna materia universitaria, a pesar de ser un concepto muy simple, y si tú quieres hasta obvio. Pero nadie puede enseñar algo que no sabe.

Esa es la razón por la cual no me interesaba tanto una carrera universitaria, sino el medio en el cual pudiera yo estudiarla.

Es más, recuerdo un profesor de la carrera que nos enseñaba la materia < Proyectos de inversión >. Wow... ¡un nombre sofisticado y rimbombante! Los contenidos de la materia eran realmente interesantes. Sin embargo, recuerdo una ocasión que acompañamos al profesor a su automóvil porque nos estaba explicando conceptos que no terminábamos de entender ¡y se retiró en un vehículo Gremlin modelo 89! ¡Era un vehículo más viejo que el mío! Y se suponía que él podía enseñarme a hacer algo que, claramente él no estaba haciendo, porque en realidad no lo sabía hacer.

Tú tienes que entender algo. **Las opiniones son buenas y respetables. Sin embargo, son sólo eso: opiniones.**

Yo no podría enseñarle a nadie como criar de manera correcta a un hijo, dado que, hasta el momento en que escribo este libro, no he criado nunca a un niño. He sido observador de familiares y amigos y ello me convierte en aprendiz, pero en tanto no lo lleve a cabo de manera práctica y exitosa, no puedo pretender enseñar a otros como hacerlo.

Recuerdo mucho cuando, en cierta ocasión, un agente de un banco me ofreció un portafolio de inversiones. El tema me resultaba realmente interesante, ya que yo mismo me visualizaba como inversionista y eso me atraía mucho.

Recuerdo que tomé la información y la compartí con uno de mis compañeros, cuyos padres son inversionistas muy sofisticados y con resultados multimillonarios, y lo primero que me respondió fue: "Pregúntale a esa persona cuánto de su dinero está invirtiendo ahí, qué estrategia está utilizando y qué tantos resultados le ha producido esa inversión".

Lo sorprendente fue que, cuando acudí con el ejecutivo a preguntarle, se puso nervioso y terminó respondiéndome de manera confidencial: "Yo no invierto aquí. Aún no tengo lo recursos para hacerlo. Pero tomé una certificación y puedo asesorarlo a usted en sus inversiones".

Ahí entendí, aún más, que los cursos y las certificaciones no aseguran en absoluto el conocimiento. Quizás aseguran la información, pero no el conocimiento. Si este muchacho realmente conociera en vez de solamente acumular información, hubiera generado las cantidades, hubiera invertido y estuviera generando nuevos ingresos los cuales podría reinvertir.

Ahí aprendí a respetar opiniones pero no escucharlas. A escuchar solamente los resultados.

Ahora, todo esto te lo cuento de una manera muy simple pero en realidad es un choque emocional muy fuerte.

Cuando estás acostumbrado a trabajar muy duro, resulta aún más duro descubrir que el sistema de negocios perfecto no requiere que tú seas el mejor. Requiere que tengas procesos plenamente identificados, requiere que tengas en tu equipo personas más inteligentes que tú, requiere que sepas ser "un poco tonto" en cuanto a realizar las tareas y "exageradamente listo" en cuanto a enrolar a quienes tienen el dinero y/o las habilidades para que sean desarrolladas (vender tus ideas).

De igual manera, cuando estás acostumbrado a pensar en miles, los cientos de miles te espantan. Y este punto es de vital importancia que lo mencione aquí, porque hablar de esto desde la teoría es muy sencillo. Yo no tenía problema en que alguno de mis negocios tuviera una pérdida de mil o dos mil dólares o quizá un poco más. Si había que generar inversiones de tres mil a cinco mil dólares, era muy natural para mí. Simplemente, hacía un programa de trabajo-ahorro y me ponía a generarlo.

Pero el mundo de los negocios "profesionales" no funciona de esta manera. **Una de las lecciones que me costaron mayor dificultad aprender fue a "obtener dinero" en vez de "trabajar por dinero".** Hoy entiendo perfecto que, en un proyecto profesional, el dueño invierte una parte pequeña y lo demás involucra diversas fuentes.

Hoy también sé que, ante un proyecto bien realizado, tu planeación debe incluir a gerentes y directores profesionales, con mucha, pero mucha mayor experiencia que tú en sus distintas áreas, además de los operativos que desarrollen las labores y los manuales de procedimientos, los sistemas, los planes estratégicos que guiarán la operación, mismos que toca desarrollar a expertos y no al emprendedor. Por lo tanto, debes ser capaz de generar el financiamiento pertinente para cubrir todo ello, además de los asesores que aumenten el grado de efectividad.

Yo no sabía todo eso y creía que ello era innecesario. El mundo de los negocios del cual venía yo, no incluía nada de ello, por lo cual, aquello que no conoces, crees que no existe, que no funciona o que no lo requieres. ¿Te hace "clic" esto que te digo?

Mira. Es difícil explicar esto, porque los seres humanos solamente podemos ver aquello que estamos programados para ver. Imagínate alguien ciego de nacimiento que, de pronto, quizá por un prodigio de la medicina logra ver por primera vez un amanecer. Probablemente pasarán meses o años y siga viendo un espectáculo maravilloso y un milagro.

Ahora, imagina a alguien que toda su vida ha tenido vista y lleva años levantándose antes del amanecer para ir a trabajar, observando todos los días el mismo amanecer. Probablemente no le preste absolutamente nada de atención, debido a que su enfoque está en el cansancio, el hartazgo de levantarse todos los días para ir a trabajar.

Esto que estoy escribiendo lo verá diferente una persona con mentalidad pobre que una persona con mentalidad rica. Esto que estoy explicándote lo entenderá completamente distinto una persona que toda su vida ha sido empleado y es la única forma de ganarse el sustento que conoce, a una persona que desde su infancia ha emprendido proyectos para sobrevivir.

Y aún más, alguien que de manera regular esté acostumbrado a contratar gerentes y directores, obtener financiamiento, encargar mano de obra y dirigir empresas tendrá una visión completamente distinta sobre esto que te digo, que alguien que toda su vida ha trabajado su propio negocio, ha tenido que invertir sus propios ahorros y ha generado su crecimiento sin apalancamiento alguno o con muy bajo apalancamiento.

Muchos de estos aprendizajes fueron enormes y vitales para mí.

Estando en ese contexto, y muchos otros, aunque estaban enfrente de mis ojos, no los veía.

Capítulo 3.

"...Volverse rico es sencillo, pero es aburrido, por eso muy pocos lo logran..."

Si logro transmitir adecuadamente esto que te voy a contar y estás prestando la atención suficiente, entenderás el secreto para generar el primer millón de pesos en tu vida (ya que fue justo el secreto para el mío).

Te voy a contar las bases de algo que sucedió durante la carrera universitaria, un proyecto que ha sido mi verdadera universidad de negocios, y no por su crecimiento, sino por lo que sucedió después.

Un buen día, surgido de un proyecto académico, encontramos un nicho de mercado realmente interesante y decidimos abordarlo. Éramos tres socios, yo tenía casi veinte años y mis socios dieciocho años cada uno. Iniciamos un proyecto que yo no imaginaba que llegaría a convertirse en algo tan grande y trascendental.

Nos percatamos que cada año el regreso a clases resultaba una verdadera locura para la economía nacional. Todas, absolutamente todas las familias mexicanas con por lo menos un integrante en edad escolar (eso es desde los cinco y hasta los veinticinco años de edad) vivían un *"vía crucis"* relacionado con la selección de escuela, libros, cuadernos, computadoras, uniformes, ropa, transporte, financiamiento y todo lo relacionado con el regreso a clases, así que decidimos proveer una solución a dicha problemática.

Elaboramos un estudio para definir el mercado meta susceptible de ser consumidor de una solución que conjugaría el satisfactor de todas estas necesidades bajo un mismo techo.

Contratamos una agencia de publicidad, acudimos al Palacio de los Deportes para alquilarlo como recinto e iniciamos nuestro primer proyecto: "Una empresa desarrolladora de expos y ferias comerciales, que llevaría a cabo la primera < Expo Regreso a Clases > a nivel macro".

Fíjate lo que es la determinación. La mayoría de nuestros amigos, familiares y conocidos nos dijeron que este proyecto era demasiado ambicioso para poder lograrlo.

Entre los tres logramos juntar el equivalente a cinco mil dólares (para la totalidad del evento se requerían más de cien mil dólares... ¡imagínate!) e iniciamos. Yo encargado de la Dirección General, uno de mis socios era responsable de la Dirección Comercial y otro de ellos como Director de Operaciones.

Tres "escuincles" (palabra que utilizamos en México para referirse a alguien que es muy joven) iniciando un proyecto millonario.

Lo primero que hicimos fue dar un anticipo de diez mil pesos (así es, diez mil pesos: menos de mil dólares) a la agencia de publicidad para que nos desarrollara tres propuestas "tentativas" para la campaña publicitaria. Ello era alrededor del cinco por ciento del costo total por el desarrollo de la campaña, y obviamente no incluía la compra de medios. Era únicamente el desarrollo de la estrategia.

Tomamos uno de los bocetos y comenzamos a desarrollar el concepto verbalmente. Acudimos al recinto ferial y giramos un cheque por diez mil pesos mexicanos (de nuevo, una irrisoria cantidad: menos de mil dólares, dado que el costo del recinto era alrededor de los setenta y cinco mil dólares... ¡casi un millón de pesos! Y estábamos entregando el uno por ciento del costo total como adelanto).

No se alcanzó a transmitir la idea. **Teníamos en liquidez alrededor del dos por ciento del total del costo del proyecto.** Y nunca nos pusimos a pensar en ello como un impedimento. En realidad, creíamos que podíamos lograrlo.

Con el adelanto, solicitamos al recinto algunos modelos de diseño de eventos (mapas) que hubieran participado en ese sitio previamente, para desarrollar el boceto y la propuesta operativa del evento.

Naturalmente, asignamos espacios exclusivos, donde pensábamos que pudieran estar las marcas "elite".

Y a partir de ahí inició la carrera.

Para el departamento comercial:

- Un listado de más de mil escuelas privadas en la ciudad.
- Un listado de más de cien distribuidores papeleros.
- Un listado de más de cien distribuidores de computación.
- Un listado de más de cien distribuidores de ropa, uniformes y accesorios.

- Un listado de colegios de idiomas y asesores educativos.
- Un listado de las marcas elite relacionadas con telefonía, computación, educación, ropa, calzado, automóviles y papelería.

Uno de los primeros aciertos fue investigar, concienzudamente, los nombres de los verdaderos tomadores de decisiones.

Otro de los puntos primordiales fue asumir de inmediato posiciones, vestimenta, palabras, expresiones, mecanismos de trabajo de acuerdo con niveles directivos y de vicepresidentes.

Muchas veces te encuentras con emprendedores que su tarjeta dice "Director General", pero se nota a kilómetros de distancia que los únicos participantes del proyecto son él y su sombra, ya sea por la calidad del diseño, por los materiales de impresión, por el vocabulario, la vestimenta, por el desconocimiento de los precios del mercado, de las operaciones de los clientes y/o alianzas o por una incorrecta dirección física que aparece en los documentos.

En alguna ocasión escuché a un conocidísimo comunicador, llamado Jacobo Zabludovsky, decir una frase que me resultó poderosísima y me ha sido de muchísima utilidad, la cual dice:

"La esposa del emperador no solamente ha de ser virtuosa, también debe saber aparentarlo".

Nos habíamos asegurado de tener una dirección física ubicada en la zona más privilegiada y bien cotizada del país: la zona de Santa Fe, en la Ciudad de México.

Las tarjetas de presentación, hojas membretadas, sobres y folders estaban realizados con impecable diseño, en finísimos materiales que transmitían profesionalismo y dominio del entorno. Yo, de forma particular, había acudido a comprar un par de trajes de *"outlet"* de finísima marca, y un par de zapatos de marca altamente reconocida y renombrada, igual de *outlet*, mismos que vestía en las mejores juntas para asegurarme que la imagen que proyectaba coincidía en la mejor medida con la que pretendía transmitir.

Nos aseguramos de contratar una asistente que tuviera cultura general amplia, de tal suerte que supiera investigar, redactar adecuadamente, realizar llamadas telefónicas y entendiera la base del contexto, o si no la entendía pudiera investigarla.

Te pongo un ejemplo. Buscábamos el patrocinio de las empresas de telefonía celular, por lo tanto, directamente buscábamos los nombres del Director Corporativo de Mercadotecnia. Una o dos semanas antes de buscarlo, enviábamos algún obsequio pequeño pero distinguido, literal, reconociendo un poco su labor y su trayectoria en la industria.

Para ello, hacíamos una exhaustiva investigación al respecto para saber de qué hablábamos y con quién. Ese pequeño obsequio era enviado directamente por el

Director General (o sea yo) y luego, cuando nuestra asistente buscaba la cita para el Director Comercial (otro de los tres socios que éramos), la persona por lo menos podía otorgar unos minutos de atención a la cita. Esto no nos aseguraba que nos comprara la idea, pero sí nos aseguraba entrar en la parte alta de la pirámide de decisiones, en vez de tener que recorrer camino desde el barrendero hasta el tomador de decisión.

A muchos de nuestros profesores en la universidad, prestigiados gerentes y directivos de empresas, les pedíamos asesoría respecto a nuestro proyecto, invitándolos a comer o a tomar un café, y en la misma charla les pedíamos permiso para mencionar que ellos eran asesores del proyecto. Luego, en nuestras cartas de presentación y currículo empresarial, incluíamos a los asesores del proyecto, nuestros mismos profesores, los cuales eran nombres reconocidos o bien ocupaban cargos estratégicos en empresas reconocidas, lo que daba solidez a la presentación de nuestra empresa.

Algo impresionante y que es una práctica que debes dominar es la práctica de hacerlo bien, y además aparentarlo bien. Una de ellas sin la otra, aumenta tu nivel de dificultad en la obtención de resultados, pero ambas acompañadas, ten por seguro que harán de tu camino la mitad de lo difícil que podía ser.

Al transcurrir seis meses de iniciado el proyecto, ya teníamos casi cincuenta mil dólares de facturación acumulada (estábamos rebasando el medio millón de pesos) entre ventas en efectivo e intercambios.

Una estrategia muy interesante fue la de los intercambios con las marcas elite. La mayoría de ellas ya tienen presupuestos millonarios en mercadotecnia y publicidad, y lo que más les conviene es ejercerlo. Entonces, por ejemplo, la marca de telefonía y telecomunicaciones más famosa de México, con quien realizamos la negociación de manera directa con su director corporativo de mercadotecnia, invirtió un porcentaje en intercambio y otro porcentaje en efectivo en uno de los patrocinios más grandes que teníamos diseñados.

Aunque al inicio nos resultó comprometedor, ya que lo que nosotros requeríamos era liquidez, cuando nos sentamos con su agencia de publicidad a implementar la campaña con la cual utilizaríamos los espacios del intercambio, nos dimos cuenta que esa publicidad nos estaba costando un cuarto del total que nos hubiera costado comprarla por nuestra cuenta, debido al volumen tan grande que esta empresa había adquirido en su presupuesto anual.

Ahora. Esto te lo estoy contando con mucha sencillez y naturalidad, sin embargo eran épocas donde dormía alrededor de dos a tres horas por día, cuando dormía bien. Mis ingresos personales seguían proviniendo de atender a mis clientes de mis proyectos anteriores, además seguía siendo estudiante universitario y seguía viviendo en Ecatepec. Era, literal, vivir en tres mundos simultáneamente: el mundo de una clase social muy baja, el mundo de los universitarios y el mundo empresarial.

Muy temprano, seguía atendiendo a clientes de mis proyectos anteriores, luego tomaba clases en la escuela, posteriormente atendíamos clientes, organización, dirección del negocio de expos, y por la noche debía hacer tareas y programar mi tiempo.

Naturalmente había áreas de mi vida que estaba dejando de lado. Al mismo tiempo, había áreas del negocio que estaban desatendidas, pero en aquel entonces no lo sabía, y con el tiempo las descubrí a un precio bastante alto... pero no nos adelantemos.

Aquí quiero resaltarte uno de los aprendizajes que muy pronto pude desarrollar. **El dinero del negocio no es dinero del dueño, es del negocio.**

Naturalmente nos pagábamos un sueldo. Sin embargo, nos asegurábamos que el sueldo que nos pagábamos fuera suficiente apenas para los gastos propios. Ese fue uno de los principales aciertos, ya que en general el dinero que producía el negocio se reinvertía en el negocio mismo. La mayoría de los emprendedores cometen el error de comer la cosecha en vez de volver a sembrarla.

Te voy a contar uno de los secretos que me enseñó un millonario de los bienes raíces, papá de uno de mis compañeros:

"Osvaldo, cuando siembres, producirás cosecha. De esa cosecha, toma entre el diez y el veinte por ciento para ti, y vuelve a sembrar ese ochenta – noventa por ciento. Quizá pensarás que no te quedará suficiente para comer, y es cierto. Tú tienes que generar tu comida de otros lados.

Quizá comerciarás ese veinte por ciento, y con ello obtendrás dinero para comer apenas lo suficiente. Pero tienes nueva siembra esperándote. Y dado que sembraste el ochenta por ciento de tu cosecha, tu segunda cosecha será mucho mayor. Apriétate mientras el cinturón, o trabaja un tiempo extra para conseguir para comer. Del resultado de esa segunda cosecha, repite la fórmula, toma para ti el veinte por ciento y resiembra el ochenta por ciento.

Imagina que tu primera cosecha te dio cien unidades, tomaste veinte y volviste a sembrar ochenta.

El resultado de la segunda cosecha será ciento sesenta unidades (por decir un ejemplo). Toma treinta y dos unidades para ti y resiembra ciento veintiocho.

A tu tercer año te dará doscientas cincuenta y seis unidades de cosecha. Repite la fórmula: toma para ti cincuenta y uno y vuelve a sembrar doscientas cinco unidades.

En tu cuarto año, obtendrás cuatrocientas diez unidades. Toma ochenta y dos para ti (este cuarto año, tu parte personal ya habrá rebasado la parte que asignaste al negocio el primer año) y resiembra trescientas veintiocho.

45

En tu quinto año tu cosecha estará rebasando las necesidades que podrás ocupar en casi el resto de tu vida. Obtendrás seiscientas cincuenta y seis. Toma ciento treinta y uno para ti y siembra de nuevo quinientas veinticinco.

Si tienes la disciplina y la inteligencia emocional de mantener esa tendencia durante diez años, solamente diez años, habrás generado un legado para ti, para tus hijos y para tus nietos. **Volverse rico es sencillo, pero es aburrido, por eso muy pocos lo logran...**".

Este consejo no aplica para cualquier emprendedor. No es un consejo de finanzas personales. Es un consejo para volverte millonario y generar un verdadero legado para ti y tu familia. Si tu interés no es generar un legado millonario, puedes reducir estos porcentajes. Inclusive puedes diferir de lo que se sugiere. A mí me lo aconsejó una persona con una fortuna realmente enorme en los bienes raíces, misma persona que llegó a México sin nada, apenas con la primaria concluida y que, utilizando este principio, logró posicionarse en el punto donde hoy se encuentra.

Puedo decir que en aquel entonces entendí una décima parte del principio. Sí, lo entendía, pero es como entender el mar desde el tamaño de un vaso de vidrio cualquiera. Claro que entiendes los principios, pero no el trasfondo completo. Yo entendí el principio, Sin embargo, la verdadera operación del concepto la he venido a entender mucho después. Pero al menos, en ese inicio, reinvertir en el negocio fue una de las mejores decisiones que sí tomamos. Hubo otras que no, pero no nos adelantemos.

Una de las principales cualidades que nos ayudaron en aquel entonces fue la visión "sistémica" que había desarrollado con el negocio de computadoras y software. Literalmente había aprendido a interpretar y entender a ingenieros y desarrolladores, sus diagramas de flujo y lenguaje de seudocódigo. Por lo tanto, en mi mente yo así veía lo que nos iba sucediendo en el día a día.

Teníamos archivos detallados de cada cliente, cada negociación, cada junta, desde la idea inicial, las retroalimentaciones, los correos, las negociaciones hasta el resultado final. Aunque no entendía bien para que me serviría todo ello, sabía que era tan grande el volumen de información que tarde o temprano podría necesitar de ello. Y así fue.

Poco a poco fueron llenándose los espacios de los anunciantes y participantes en el evento. Debo decirte que el nivel de desgaste es exactamente igual para generar un cliente que solamente te paga cien dólares, que para generar un cliente que te pague diez mil dólares. Ese fue un aprendizaje importante también, ya que cuando mi socio encargado del área comercial se dio cuenta de ello, lo primero que realizamos fue contratar agentes de ventas que se encargaran de atender a los clientes pequeños y quizá alguno que otro grande, mientras nosotros nos enfocábamos con los clientes que pudieran producir mayores resultados.

Hablábamos con alguno de los clientes y a ellos les mostrábamos donde estarían los expositores elite (aunque con estos segundos apenas estábamos iniciando las charlas). Hablábamos con los expositores elite y mostrábamos los espacios ocupados por los demás clientes. Con el adelanto de alguno de ellos pagábamos el adelanto al proveedor de alfombra o de montaje o de los seguros de responsabilidad civil o el sueldo de nuestra asistente o la impresión de nuevas hojas membretadas (como te decía, en papeles finos) o un segundo pago al recinto ferial, etc.

Tan sólo diez meses después estábamos realizando nuestro primer evento, donde acudieron poco más de treinta mil personas y donde, afortunadamente, nuestro déficit fue poco menos de un veinte por ciento del costo total. Con poco menos de cinco mil dólares iniciales habíamos generado una facturación superior a los ciento cincuenta mil dólares (multiplicamos quince veces la inversión inicial en menos de un año).

Yo tenía veintiún años de edad.

El noventa y siete por ciento de nuestro financiamiento había surgido a partir de nuestros proveedores. Habíamos generado en ventas aproximadamente el ochenta por ciento del costo total, lo cual, en un negocio tradicional es un logro realmente grande, ya que un negocio acostumbra alcanzar únicamente entre un veinte – veinticinco por ciento de retorno en su primer año de operación. Hoy que lo recuerdo, me doy cuenta que simplemente no sabía lo que estaba sucediendo. Quizá el hipotético lector de este libro haya enumerado un sinfín de faltantes que no fueron mencionados durante este relato.

Y efectivamente, hubo un sinfín de faltantes que no tomamos en cuenta, que nadie nos hizo saber, que no supimos escuchar, que no quisimos ver, que no pudimos entender, o como sea... y poco después se volverían patentes hasta hacerse absolutamente presentes.

Pero regresando en relato. En aquel entonces obtuvimos un premio a nivel nacional por el éxito empresarial obtenido.

Recuerdo que inclusive fui entrevistado en un importante programa de radio conducido por un locutor y empresario muy reconocido en México. Al finalizar la entrevista, este locutor, totalmente *"off record"*, me hizo un comentario que no supe interpretar, sino hasta algunos años después. Recuerdo estas palabras como si hubieran sido ayer: "Osvaldo, quiero felicitarte por el éxito que están teniendo. Es una inspiración grande para muchos jóvenes y empresarios. Por mi parte y de manera muy personal aún no tenemos mucho que platicar tú y yo, sino hasta que hayan vivido su primer caída y hayan conocido la realidad de muchas cosas. Te deseo mucho éxito y búscame cuando eso suceda".

No supe entender. Dentro de mí, yo argumentaba: "Claro que tuvimos caídas y dificultades. Por supuesto que hubo retos y tropiezos. Es más, aún tenemos cierto déficit. ¿De qué habla este hombre?"

Mis socios y yo creíamos que todo lo que seguía era simplemente seguir creciendo, que con los siguientes eventos se completaba el déficit, que lo único que hacía falta era seguir trabajando.

Recuerdo uno de mis pensamientos constantes: "¡Wow! Si esto es a mis veintiún años, ¿qué sucederá a mis sesenta? Ya me veo como Warren Buffet o Carlos Slim..."

Hoy debo utilizar una frase que empleo muy cotidianamente: "Ternurita". En verdad, no sabía lo que estaba por venir.

Capítulo 4.

"Si tú eres la persona más inteligente de tu equipo, entonces tú y tu equipo están en severos problemas." Robert Kiyosaki.

Antes de continuar, quiero traer a colación algunas reflexiones muy importantes. Hoy lo veo con mucha claridad, aunque el costo fue realmente alto.

-Págate a ti mismo primero. Págale a tu empresa primero.

El principio de "págate a ti mismo primero" es uno de los principios universales más importantes, en cuanto a las finanzas. El libro *"El hombre más rico de Babilonia"* lo define perfectamente.

En cuanto a tu persona, cuando recibes un ingreso no debes pagarle primero a los acreedores, ni al de la renta, tampoco debes ir a pagar tus gastos y tus gustos porque ahí lo que estás haciendo es pagarle primero a otras personas (aquellos proveedores de esos productos o servicios).

A quien debes pagar primero es a ti mismo. Apartas el diez por ciento del ingreso (por lo menos) y lo guardas para ti. No será para gustos o caprichos. Tampoco será para emergencias o pago de nada (deudas ni gastos). Será para ti, para incrementar tu riqueza.

Con ese capital, perfectamente podrás invertir en ti mismo. Por ejemplo, en habilidades que te permitan desarrollar más flujo de efectivo. Y con ese nuevo flujo deberás hacer lo mismo: aparta una cantidad fija para pagarte a ti mismo antes que a todos.

Y aquí quiero resaltar algo que me ha tomado mucho tiempo entender y, sobre todo, ha requerido mucha humildad de mi parte poder observarlo. Pagarte a ti mismo primero es un acto de autoestima. Muchas veces confundimos el comprarse caprichos y chucherías como "quererse a sí mismo", pero es todo lo contrario. El dinero es valioso. El dinero es el medidor o el indicador de qué tan valioso es tu producto o tu servicio. Entre más valioso lo percibes tú, más dinero cobras por ello. Y también, entre más valiosos son los servicios prestados por alguien, mejor se le paga.

Aquellas personas que no se pagan a sí mismos primero es porque, en una parte de ellos, no perciben verdadero valor en sí mismos. Creen que es más valiosa la camisa nueva, las vacaciones, el automóvil, la gasolina, etc., pero no se ven a sí mismos como alguien valioso, por eso, antes de pagarse a ellos mismos, prefieren pagarle a otras personas primero.

El dinero que te pagues a ti, no lo utilizarás para pagar deudas ni para atender "emergencias". Solo lo utilizarás para invertir en acrecentar el activo más valioso que tienes: tú mismo. Entonces, lo utilizarás en desarrollar nuevos activos y/o nuevas habilidades que te permitan desarrollar nuevos activos.

En cuanto a la empresa, implica el mismo principio de "Págate a ti mismo primero". Antes de pagar a los acreedores, a los proveedores, e inclusive antes de pagar la operación misma, debes tener muy en claro qué posibilidades tienes de incrementar tus ingresos. Pagarle diez mil pesos mensuales a un vendedor que produce ventas por cincuenta mil pesos, o pagarle cien mil pesos mensuales a un vendedor que produce ventas de un millón de pesos. La respuesta es obvia.

Pero, cuando estás en la operación diaria, muchas veces no le pagamos primero a la empresa. En este caso, implica que es prioritario aquello que le producirá crecimiento, mayores ingresos, mayor estabilidad. Si tienes que pagarte a ti un sueldo y desarrollar un estudio de mercado (teniendo que tomar un curso "barato" que te enseñe a hacerlo) o tienes que pagarle a una agencia de estudios de mercado cinco veces más, pero te va a arrojar perfectamente tu nicho de mercado, tu estrategia de abordarlo te va a minimizar pérdidas y maximizar ganancias en tu estrategia mercadológica, págale a la empresa primero.

Primero invierte en aquello que puede hacer crecer a tu empresa, y ya después ella, con un mayor crecimiento, podrá cobijar de mejor manera sus necesidades y tus necesidades.

- **Un negocio se mide por el nivel de rentabilidad que produce hacia todos.** Se mide por la calidad del producto o servicio que presta, por el número de personas a quienes produce ingresos (empleados, socios, inversionistas), por el impacto positivo que genera en la sociedad.

Cuando tú comienzas a visualizar así cada transacción, te vuelves mucho más selectivo. Inviertes tu tiempo y tu dinero en aquellas opciones que puedan producirte una mayor rentabilidad. El término "barato" o "caro" ya no es tan relevante en cuestión de cuánto te cuesta, sino se vuelve importante en cuestión de qué tanta rentabilidad te producirá al final de cuentas.

Un curso de diez dólares que no me produzca ningún verdadero crecimiento (como aquellos cursos que son subvencionados por el gobierno que, en realidad, crees que te ayudarán, pero aquellos que lo imparten viven igual que tú, al final termina mostrándote que a ellos no les está produciendo ningún resultado real) es mucho más caro que un curso de diez mil dólares que te permita producir diez veces su costo en el transcurso de uno o varios años.

-Contrata personas mucho más inteligentes que tú.

En algunas ocasiones me han preguntado: "Osvaldo, con el conocimiento que ahora tienes, si volvieras a empezar este negocio, ¿qué harías distinto?" y mi respuesta siempre es la misma: "Contrataría a un Director General que me cobrara cinco veces más de lo que yo cobraba y que tuviera mayor experiencia en el puesto que la que yo tenía".

Cómo negociar con proveedores, cómo elegir a un gerente de ventas, qué canales de ventas utilizar, cómo desarrollar estrategias legales y fiscales más provechosas, cómo establecer una mejor política de precios, cómo financiarnos adecuadamente, cómo generar deuda positiva para el negocio, cómo hacer una planeación a uno, tres, cinco o diez años y con uno, cinco, diez o cincuenta productos, cómo desarrollar mejores líneas de productos o de negocio, cómo conducir una junta de accionistas, cómo generar y gestionar inversionistas, cómo reducir costos ocultos, cómo desarrollar estrategias con mayor rentabilidad.

Para todo eso se utiliza a un director general. Para eso le pagas. Para eso desarrolló experiencia y para ello tuvo estudios universitarios, para ello cobra un sueldo y se le asigna un puesto "encumbrado": para hacer cien veces mejor aquello que tú no sabes y que tardarías mucho tiempo y dinero en aprenderlo o pondrías en riesgo tu negocio al no dominar ese conocimiento.

Para los auto empleados, este principio es uno de los más difíciles de desarrollar. "¿Pagarle a personas más inteligentes que yo? ¿Un sueldo tan alto? ¡Ni que estuviera loco!" Y justo por ello terminan siendo ellos mismos el límite de sus negocios.

Retomo aquí una frase muy famosa que conocí del autor Robert Kiyosaki, la cual dice:

"Si tú eres la persona más inteligente de tu equipo, entonces tú y tu equipo están en severos problemas".

Hoy sé que, habiendo contratado personas para que nos indicaran de mejor manera la visión, las fallas, los caminos, aunque de primera ojeada pudiera ser visto como un "gasto mayor", definitivamente los resultados hubieran dado un brinco positivo de varias veces lo generado.

-Aprende a hacer dinero con el negocio, y con el dinero.

Mira. Este principio en realidad, por sí sólo, da para un libro completo (con varios tomos) o para un seminario completo.

Los negocios "normales" producen ganancias solamente del producto o servicio que proveen. Los negocios "grandes" producen ganancias también del dinero que pasa por sus manos. "¡Ah, caray! ¿Cómo es eso?"

Quiero poner un ejemplo muy concreto: las tiendas departamentales. La mayoría de las tiendas departamentales compran a sus proveedores con plazos de treinta, sesenta, noventa o hasta cinto ochenta días después de aceptada la factura. Es decir, tú le vendes al supermercado, por decir algo, ropa para caballero. El supermercado te la acepta y la pone en venta. El supermercado no te la paga cuando se la entregas, ni siquiera cuando la vende. Una vez que ya la vendió, entonces puedes ingresar tu factura, y a partir de la aceptación de la misma corre el tiempo para procesar tu pago.

El supermercado tiene tu dinero desde hace muchos días. Y por supuesto que no lo tiene estacionado en una cuenta bancaria, esperando para pagarte. Tampoco lo utiliza para pagar a otros proveedores. Durante todo ese tiempo, el supermercado sabe utilizar tu dinero para financiar movimientos de dinero.

Este es un tema muy extenso, pero supongamos que realiza una operación diaria, de entrada por salida con ese dinero, y esa operación le produjo un uno por ciento de ganancias o de utilidad neta. Si el supermercado te pagará a ti noventa días posteriores a la aceptación de la factura (lo cual, usualmente agrega unos diez días promedio extras a la entrega de la mercancía), entonces, la tienda departamental generó ganancias del cien por ciento de tu dinero.

Obtuvo un préstamo que no le costó. Tú le prestaste dinero. Además, claro está, obtuvo ganancias de la venta de tu producto. Es decir, ganó el doble. Y la persona que asumió el costo de su ganancia, fuiste tú.

Esto no es malo. Solamente es conocer el dinero y su funcionamiento. Hoy sé que con las estrategias adecuadas, aunque mi negocio de expos hubiera quebrado, tal como sucedió, aun así yo hubiera podido generar enormes ganancias. Por supuesto que no lo sabía. Mi mentalidad de autoempleado, mi mentalidad de pobre no me permitió verlo. **El pobre trabaja por dinero. El rico pone el dinero a trabajar para él**. Ahora se va entendiendo a mayor profundidad este concepto.

-Aprende a generar deuda adecuadamente.

Cuando los grandes magnates invierten en proyectos ponen entre un diez y un veinte por ciento de su propio capital y el resto es capital financiado, ya sea por socios, accionistas, inversionistas, *"join ventures"*, acuerdos de cooperación, acuerdos de co-inversión, levantamiento de capital, etc.

Nosotros hicimos una pequeña parte al financiarnos con proveedores. Sin embargo, con una mayor liquidez, nuestras herramientas de negociación, de costeo y de procesos pudieran haber sido completamente distintas. Eso por un lado. Por otro, cuando utilizas las herramientas correctas, de la forma correcta, el riesgo está sobre el vehículo financiero, no sobre ti.

Si algo falla, es el propio vehículo financiero quien cubre los costos y no tú. Y si todo sucede bien, el mismo vehículo te dio libertad de flujo para generar otros nuevos vehículos que, en su camino final, están destinados a pagar tu estilo de vida.

-Sé un maestro en los temas legales que te permitan libertad en los manejos fiscales.

Todo está regido por el fisco. Pero el fisco está diseñado para producir una carga mucho mayor a las personas físicas y a los pequeños emprendedores.

No se paga el mismo impuesto por la venta de una casa, que por la transferencia de acciones de una Sociedad Anónima dueña de una casa.

No es lo mismo pagar altos impuestos por tus ganancias, a pagar bajos impuestos porque tu empresa tiene altos gastos que paga a otras empresas (las cuales, curiosamente, son propiedad del mismo grupo).

No es lo mismo recibir dinero, pagar impuestos y luego quedarte con la diferencia, que recibir dinero, reinvertir (puedes reinvertir, además del negocio, en ti mismo como principal activo de la empresa) y con "menores ganancias", pagar menos impuestos.

En este tipo de manejos debes ser muy bueno. Y repito, debes tener en tu equipo verdaderos expertos que, aunque te cobren bien por ello, al final te resulte mucho más baratos sus servicios por las ganancias extra que te están produciendo.

También la parte relacionada a contratos es fundamental. Por ejemplo, cuando tengas empleados, debes perfectamente saber crear, por lo menos, dos personas morales: una que será la que llevará a cabo la operación del negocio (por ejemplo, si comercializas algún producto) y otra que contratará a los empleados. La segunda, le venderá los servicios profesionales a la primera. Esto te dará muy amplia certeza jurídica y fiscal. También en cuanto a la compra de propiedades, deberás aprender a crear personas morales específicas. Si comprarás bienes inmuebles, te conviene comprarlos con una persona moral ex profeso para ello.

De hecho, en este mismo rubro, quizá no he entrado suficientemente en el tema y un abogado sabrá hacerlo mejor. Sin embargo, sí quiero resaltar el punto de que definitivamente no emprendas como persona física. Por más que pretendas ahorrarte trámites, dinero y tiempo, el costo si algo sale mal puede ser altísimo.

El objetivo de una persona moral (Robert Kiyosaki les llama corporaciones) es, precisamente, proteger y dar certeza a la persona física. Cuando tú operas desde una persona moral, es ésta la que responde por los proyectos y sus posibles fallas. Sin embargo, tus posesiones y pertenencias se encuentran en mucho mayor resguardo que si operas como persona física. Este es uno de los consejos más importantes, desde mi óptica, que pudiera darle a un emprendedor.

-Cuando creas que vas perdiendo, ataca más fuerte. Y cuando creas que vas ganando, ataca aún más fuerte.

El error muy pero muy común de los emprendedores es dejar de golpear el objetivo en algún momento, y es ahí cuando comienzan los problemas.

Si todo parece indicar que vas perdiendo, entonces ajusta la fuerza, las técnicas, asesórate adecuadamente, pero debes poner una mayor fuerza y velocidad.

Mi experiencia es que, cuando estás excavando en busca de diamantes, la última capa de piedra habitualmente es mucho más gruesa y dura que las demás, de tal suerte que parece que los esfuerzos son inútiles. Cuando sientas que los esfuerzos no valen la pena, es recomendable revisar la estrategia, consultar a tus mentores y asesores, y redefinir el curso, pero sobre la marcha.

Nunca, pero nunca dejes de insistir, de golpear la roca. Casi siempre el universo hace pruebas para comprobar que efectivamente mereces tener aquello que le pediste.

De igual forma, cuando creas que vas ganando el juego, también es momento de acelerar tu fuerza y velocidad. La inmensa mayoría de los proyectos que fracasaron, una vez que habían alcanzado cierto grado de éxito, ha sido porque sus líderes se han "dormido en sus laureles". Es decir, se han confiado del "Ya llegué".

Parece mentira pero este es uno de los principales errores en los cuales solemos caer cuando emprendemos. Te voy a decir algo: esto es como las clásicas películas de terror. Cuando el protagonista cree que ya ganó el juego, el asesino regresa de ultratumba haciendo sus últimos estragos.

Cuando tú crees que ya tienes todo listo, necesitas trabajar como si aún te faltara la mitad y asegurarte de tener de sobra aquello que estás buscando. Es sorprendente, en verdad, la cantidad de proyectos y emprendimientos que "iban bien" y comenzaron a caer solo porque sus líderes se confiaron en vez de llevarlo al siguiente nivel.

En ocasiones la mentalidad nos hace jugadas totalmente adversas. Decía mi abuela: "Cada cabeza es un mundo". Y la misma cabeza en ocasiones es varios mundos. Lo que sé es que la mayoría de los fracasos sobrevienen por frenar justo en el momento en el que había que acelerar.

-Así como desarrollas estrategias de entrada, desarrolla estrategias de salida.

Mira. Este tema muy pocos lo tocan, y no sé por qué, dado que es en verdad interesante. Cuando entras en una carretera, no te quedas en esa carretera hasta que se termina la gasolina. Tienes claro en qué salida debes salirte de ella para poder llegar al destino que quieres llegar. Nadie entra a una carretera sin saber cuánta gasolina trae, cuánto dura el viaje, cuánta gasolina necesita, qué hacer si se le termina, dónde debe salirse de la carretera, dónde desviarse, etc.

Sin embargo, en los negocios sí entramos sin tener ninguna estrategia de salida. De hecho la mayoría de las veces entramos sin estrategia ni de entrada, ni de trayecto, ni de salida.

Te pongo un ejemplo. Quizá has jugado cartas, el juego llamado *"Texas Hold 'em"*. Cuando juegas cartas, tienes que tener muchas estrategias simultáneas, en cuanto a tu rostro, a tu dinero, a tus cartas.

Imagina que inicias con mil dólares. Y eres bueno en el juego. Tú tienes que tener un margen hacia abajo (qué estás dispuesto a perder) y un margen hacia arriba (qué estás dispuesto a ganar). Si juegas muchas veces dentro de tus márgenes, al final de la noche habrás ganado mucho dinero. Sin embargo, la mayoría de los jugadores no establecen márgenes de cuánto es lo máximo que deberían perder y cuánto es el tope de ganancia por jugada. Muchas veces se frustran ante las pérdidas y siguen jugando para perder más. Muchas veces se avorazan ante las ganancias y apuestan más fuerte, en vez de sumar muchas victorias bajo control.

Tú debes saber, al entrar en un negocio, qué esperas de él. Cuando lo alcances, previamente debes haber hecho un estudio y análisis, y debes saber qué acciones tomarás (expandir el mercado, reinvertir, nuevas líneas, nuevos negocios, nuevas sucursales, etc.) y entonces, aunque sea el mismo negocio, es como si hubieras salido de una carretera para entrar a otra.

De nueva cuenta, debes tener clara tu estrategia de entrada y tu estrategia de salida. De igual modo, debes prever la pérdida en que puedes incurrir y qué estás dispuesto a asumir.

Te voy a decir algo. En todos los negocios hay pérdidas. En ocasiones son pequeñas y en ocasiones son grandes; en ocasiones son duraderas y en ocasiones son cortas, pero todo negocio vive pérdidas.

Es la maestría del dueño, del líder quien se asegura de que, el balance final entre pérdidas y ganancias resulte positivo para todos. No existe negocio sin pérdidas. Cuando cobras conciencia de ello, entonces desarrollas tu habilidad de reducir las pérdidas y maximizar las ganancias.

Así de simple. Sabes cuándo entrar en una negociación y cuándo es momento de salirte de ahí. Sabes cuándo debes darle nueva fuerza a una línea de productos y cuándo es mejor que te enfoques en otra. Sabes cuándo debes invertir más en maquinaria y cuándo es mejor invertir en publicidad. Todo lo que hagas en un negocio deberás preparar una estrategia de entrada y una estrategia de salida.

Inclusive, muchas veces, los mejores negocios que hagas serán aquellos de los cuales te salgas a tiempo, cuando las pérdidas aún están dentro del margen global establecido o admitido y, al final, son verdaderamente ganancias.

-No sólo busques *coaches* y asesores. También hazte de mentores.

Hay una confusión grande entre los conceptos de *coach* y mentor. Todo emprendedor debe tenerlos a ambos.

Un *coach* es una persona que tiene experiencia en hacerte ver cosas que tú no ves. Ha ayudado a otras personas a entender problemas en un área específica, a identificar los retos de los cuales están compuestos y a desarrollar estrategias y ponerlas en marcha para resolver esa situación. Todo *coach* cobrará por sus servicios y te conviene tener *coaches* en distintas áreas (ventas, administración, planeación y dirección estratégica, producción, finanzas, legal, fiscal, etc.).

Digamos que un *coach* es un "asesor con esteroides". Es decir, te asesora y te estira para que puedas resolver aquello que te tiene atorado.

Un mentor es alguien que ya hizo eso que tú quieres hacer. Por ejemplo, si tú quieres ser exitoso en inversiones de bienes raíces, entonces un mentor es alguien que ya hizo fortuna en el área de bienes raíces, que ya recorrió el camino y tiene el resultado. Un mentor, generalmente, no te cobrará porque tú no existes en su ecuación. Él ya hace lo que hace y es exitoso en ello. Tú eres quien deberá buscarlo y, al igual que si buscaras una novia o novio, pedirle que si acepta ser tu mentor y hacerle ver por qué razón debería invertir tiempo, esfuerzo y espacios en ti para que aprendas de él. Un mentor te abrirá las puertas para que lo veas trabajar y probablemente te pedirá que hagas algunas cosas con él.

Tanto los *coaches* como los mentores te propondrán estrategias, acciones, planes de acción que probablemente te incomoden.

Su trabajo no es caerte bien. Tú eres el que requiere de ellos para ver cosas que tú no ves, y si quieres puedes elegir no prestarles atención y aprender a prueba y error por tu parte. Sin embargo, el costo de la prueba y error sin dirección ni *coaching* o mentoría, habitualmente es lo suficientemente fuerte y grande como para provocar un sufrimiento tal que los emprendedores terminen abandonando algo, o peor, terminen con daños y reveses que pudieran haber evitado si hubiesen prestado atención a sus *coaches* y mentores.

-Si tú eres la persona más inteligente de tu equipo, entonces es un equipo destinado a fracasar.

Mira. Este es uno de los puntos más difíciles. Algo que he observado en muchísimos emprendedores es un ego muy alto. A los empresarios tradicionales les interesa más el "lograrlo a su modo" que "lograrlo". < ¡Ah caray! > Es cierto.

Imagina que ellos tienen una idea de cómo llegar a cierta ciudad, a través de carretera. Y alguien les "sugiere" que pueden comprar vuelos más baratos si se hacen en cierta línea aérea. La mayoría de los empresarios y emprendedores no escucharán a quien les da esos consejos porque inconscientemente no quieren llegar. Lo que realmente están buscando es saberse lo suficientemente "geniales" como para ser ellos quienes hicieron que las cosas sucedieran.

Sé que quizá te suena un tanto exagerado. Sin embargo, no lo es. Cuando tú le propones a un empresario o emprendedor que incluya en su grupo a personas más inteligentes que él, la resistencia es tal que prefieren que su negocio siga como está, o quiebre antes que meter a un tercero que les diga qué hacer. Eso lo veo todo el tiempo y en realidad es comprensible, hasta cierto punto. El negocio es como su hijo: les ha costado, le han invertido tiempo, dinero y esfuerzo. No obstante, ese es justo uno de los errores más dañinos en un negocio.

Tú necesitas tener a personas que sean mucho más exitosas e inteligentes que tú en tu negocio. Necesitas tener a un fiscalista, un experto en ventas y un director financiero que sepan mucho más que tú. Requieres tener al gerente de producción y experto en mercadotecnia que sean mejores que tú.

Como te contaba, en múltiples ocasiones me han preguntado: "Osvaldo, si volvieras a empezar, con la experiencia que hoy tienes, ¿qué cambiarías?" Y mi respuesta siempre es la misma: "Actuaría como un dueño verdadero, en vez de hacerlo como un autoempleado. Contrataría un director para mi empresa, con experiencia en el cargo, le pagaría bien, y que él nos diga qué hacer en cuanto a generación de inversionistas, generación de departamentos (ventas, operaciones, finanzas, administración) y me aseguraría de supervisarlo pero permitiéndolo hacer el trabajo para el cual le pago: dirigir mi empresa bajo mi supervisión. Por algo, él sería director y yo sería el dueño."

-Desarrolla sistemas.

Importa poco lo que funciona bien para ti. Lo realmente rentable a largo plazo es aquello que pueda ser realmente duplicable, es decir, que pueda ser hecho una y otra vez sin necesidad de que lo hagas tú.

Tu negocio tiene que ser duplicable. De otro modo, no es negocio; es un empleo sin jefe.

Este es otro de los conceptos más difíciles de entender y describir. Por ejemplo, si eres contador y eres el mejor de los contadores, y las personas te contratan por ser el mejor contador, entonces no tienes un negocio, tienes un empleo sin jefe. Sin embargo, si tienes un despacho contable, donde puedes atender a un número de clientes de manera eficiente, rápida, a un bajo costo, ya que tienes a diez contadores que hacen el trabajo con un grado de aceptabilidad alto, entonces comienzas a tener un negocio.

¿Cómo lograrlo?

Desarrolla sistemas.

¿Qué es un sistema?

Es un conjunto de pasos determinados para desarrollar un objetivo. Por ejemplo, para vender, asegúrate de sistematizar completamente el proceso: que el cliente llegue a través de algunas de las entradas previamente establecidas al embudo de ventas, que la telefonista conteste de la misma manera siempre y tenga un formulario para direccionar adecuadamente a los clientes siempre, que en el formulario existan los procesos más comunes y estén los encargados de cada proceso, que la venta, el cobro, la entrega siga un paso uno, paso dos, paso tres siempre, sin importar que haya personas experimentadas o novatos.

Esto cuesta mucho trabajo cuando no tienes una mentalidad de dueño porque piensas "...Es que hay que aplicar la propia experiencia, el propio criterio..." Y justo eso es lo que te impide que tu negocio se vuelva un verdadero negocio.

Si aprendes que el mismo proceso sea repetido mil veces, siguiendo estándares y patrones, tu negocio no dependerá de un "superhéroe" que sepa hacer todo muy bien, sino de personas bien entrenadas que sepan realizar un proceso sistemática y repetidamente. Entonces, podrás poner nuevos departamentos, nuevas sucursales, nuevas líneas de negocio y tu negocio podrá crecer.

-Apréndele al mejor. Y cuando lo alcances, busca al nuevo mejor y vuélvele a aprender.

Mantente siempre como un feliz aprendiz que tiene nuevas áreas por descubrir. En el momento que crees que ya lo sabes todo, inicia tu caída. En el momento que crees que ya nadie puede superarte, inicia tu caída. En el momento que dejas de tener hambre, inicia tu caída.

¿Recuerdas la serie de películas de *"Rocky"*? Cuando era un joven con hambre de triunfo, logró crecer rápidamente. Sin embargo, cuando era el príncipe que se creía "merecedor del trono", es cuando se descuidó y perdió su título.

Es lo mismo. Tú debes siempre buscar al mejor y aprenderle. No busques al que te sea más sencillo, más barato o más reconfortante.

El error de la mayoría de emprendedores es "chiquitear" su éxito: buscan cursos baratitos, buscan talleres gratis, videos online, buscan negocios que impliquen esforzarse poco y buscan *coaches* o mentores que no les exijan.

Debes acercarte al mejor y pedirle que te deje estar cerca de él. Eso implicará un esfuerzo muy grande. Eso implicará que aquello que es tu cien por ciento, será su cinco por ciento. Por lo tanto, para estar a su ritmo, deberás estirarte mucho y eso te hará crecer.

La mayoría, cuando tienen acceso a personas más grandes, se espantan, sufren y terminan abandonando, pensando: "¡Lo hago mejor yo…!". Pero no es cierto. Si lo hicieran mejor ellos, entonces tendrían mejores resultados que aquellos que ya son grandes. Lo mejor que puedes hacer es acercarte al mejor y pedirle que te deje estar cerca. Eso te hará crecer.

Y una vez que lo hayas alcanzado, o haya dejado de ser el mejor, hónralo, agradécele, y sigue aprendiendo ahora del siguiente mejor. Si hay alguien mejor que tú, síguelo… ¡apréndele!

Poco después de la Segunda Guerra Mundial, los japoneses enviaron a sus mejores ingenieros a las fábricas de Estados Unidos a trabajar, a que iniciaran desde abajo y memorizaran todo. Una vez que habían duplicado planos y procesos, lo primero que hicieron fue copiar lo mejor de lo mejor. Y a partir de ahí perfeccionarlo. Lo demás es historia.

Hoy por hoy, la ingeniería japonesa es reconocida como de la más alta calidad en el planeta entero y se mantienen con humildad de aprender.

Cada vez que surge alguien que sea mejor en algo, buscan aprenderle para elevar sus propios estándares.

-Entrénate todo el tiempo. Necesitas entrenar tu mente no solamente en habilidades técnicas, sino también en extender tu *mindset*. Esta última es la más difícil de todas. Aprender a vender, aprender a hacer tablas de rendimiento, aprender a producir es fácil. Tener la mentalidad adecuada, la caja de creencias adecuada, los patrones mentales adecuados es realmente difícil.

Hoy yo podría darte una receta que a mí, en lo personal, me permite generar entre mil a diez mil dólares de ingresos al día y entregártela completa. Sin embargo, si tu mentalidad aún no es la correcta, no le entenderás, no la sabrás aplicar y probablemente te producirá resultados negativos.

Para entender este punto es como si habláramos del idioma español y del idioma inglés: tú sabes que la estructura en español primero va el sustantivo y luego el adjetivo, por ejemplo "perro negro". Y también sabes que en inglés, primero va el adjetivo y después el sustantivo: *"black dog"*.

Bueno, la receta que yo hoy pudiera darte, que es la misma que yo utilizo hoy en día, puedo dártela en idioma español, pero la estructura estará como si fuera inglés para ti. Entonces, lo que tú entenderás en mis frases será "negro perro", ¿me explico? Es una estructura distinta, que produce resultados distintos. Yo usaría idioma español para que entiendas las palabras. Sin embargo, tu estructura mental tiene que ser la adecuada para que entiendas el verdadero significado.

A eso me refiero con que **tienes que entrenar tu *mindset* todo el tiempo**, porque aquello que te ha permitido generar "cientos" es justo lo que te estorbará para generar "miles". Y cuando por fin te sea sencillo generar "miles" te darás cuenta que eso será un obstáculo para generar "cientos de miles". Y cuando ya seas un maestro en generar "cientos de miles", verás que necesitas desaprender muchas cosas para aprender a generar "millones". Es, en cierto modo a mi entender, como las muñequitas rusas. Efectivamente, la más grande es "igual" que la más pequeña. Y la más pequeña cabe dentro de la más grande, pero la más grande no cabe dentro de la más pequeña. Lo que te hace generar miles no te permite generar millones, pero aquello que te permita generar millones te servirá perfectamente para generar miles.

No cometas el error de creer que, al leerlos una vez, ya los entendiste. Los expertos dicen que, cualquier libro, para considerar que realmente lo hiciste tuyo, es porque ya lo leíste por lo menos en veintiún ocasiones. Yo, en lo personal, leo entre dos a tres libros por mes. Varios de los libros que te recomendaré, los he leído cinco, diez o más veces. Y aún los sigo leyendo una o dos veces por año, porque estoy consciente que me falta mucho por lograr y mucho por alcanzar.

Capítulo 5.

"...Cada error, cada caída, cada tropiezo nos achica un poco. Sin embargo, cada vez que se repone, se fortalece, se resuelve esa situación, nos devuelve el tamaño que teníamos y nos hace crecer un poco más..."

Una cosa es vender una primera vez. Una cosa muy distinta es venderle dos veces a la misma persona. Cualquier empresario con experiencia sabe que la verdadera riqueza se obtiene de las recompras. La primera venta está muy padre y produce algarabía y gozo. Pero, cuando alguien ya te ha comprado por tercera ocasión, ya puedes llamarle cliente tuyo. Antes de ello es simplemente un prospecto que está probando y nosotros no logramos generar verdaderos clientes.

¿Recuerdas que te dije que, al finalizar, habíamos generado casi el ochenta por ciento de nuestro costo? Bueno, ese veinte por ciento que no habíamos generado no era poco dinero. Estamos hablando de mucho dinero que teníamos la "esperanza de que cayera".

Ok. Debíamos alrededor de cuarenta mil dólares de nuestro evento anterior. No suena una cantidad tan grande, ¿o sí? Pero no teníamos ni un peso, dado que todo lo que facturamos del evento anterior lo pagamos a nuestros proveedores.

Si hoy tienes algo de experiencia en el manejo de negocios y manejo de deuda, quizá comiences a darte cuenta. Quizá estés pensando "Esto no se ve muy listo que digamos". Y efectivamente, esto no era nada inteligente.

Mira, hoy que lo veo *a posteriori* me doy cuenta que había miles de opciones que podíamos tomar. Sin embargo, en aquel entonces, la persona más inteligente del equipo era un mocoso de veintidós años (dígase yo), que además tenía un ego del tamaño del cielo y difícilmente hubiera tenido la humildad de contratar asesores o de contratar un director que supiera más que él.

Voy a procurar ser muy concreto con los hechos.

El segundo evento coincidió con el cambio de presidente de la república en México. Había un candidato a la presidencia que, desde el punto de vista de los empresarios, era "peligroso" (según sus propias palabras, no mías), debido a que tenía amplias posibilidades de ganar la presidencia; y si ganaba, México corría el riesgo de "convertirse en una dictadura y los capitales podrían correr riesgo" (insisto, no estoy diciendo mis palabras. Estoy repitiendo lo que los empresarios decían).

Con temor de parecer exagerado pero haciendo honor a la verdad, entre el treinta y el cuarenta por ciento de los expositores del año anterior, este año decidieron no participar. La inmensa mayoría nos decían: "Osvaldo, nos fue muy bien el año pasado, pero este año tenemos presupuestos muy recortados porque si gana "equis" candidato, quizá tengamos que pensar cómo poner a salvo el negocio. Este año no podremos participar. Estamos ahorrando ante, lo que parece podrá ser, una muy fuerte tormenta".

Oficina tras oficina. Prospecto tras prospecto. No creo que seamos malos vendedores ni malos visionarios, dado que el primer evento vendimos, literal aire, y ese aire se transformó en une reluciente empresa. En esta ocasión, aun buscando nuevos prospectos, aun ofreciendo descuentos y promociones a aquellos que repitieran el evento. Y además traíamos a los acreedores del año pasado tras de nosotros todos los días.

En medio de esta debacle, uno de mis socios decide salirse del negocio. Literal, por consejos de su padre, al ver que el negocio estaba teniendo problemas y que estaba siendo mal llevado, en vez de aconsejarnos qué hacer y cómo salir de los problemas, le dijo a su hijo a que se retirara de la sociedad. Recuerdo que, inclusive, ofreció: "yo pago el notario y les paso mis acciones a quienes ustedes decidan pero necesito retirarme de este negocio".

Durante muchos años yo viví con resentimiento por ese hecho. Hoy puedo entender un poco mejor que, a veces, el mejor negocio es aquel del cual te retiras a tiempo.

En realidad, sí nos había aconsejado. Nos sugirió que declaráramos la compañía en bancarrota y que tomáramos el mejor activo (el aprendizaje y las relaciones generadas) y después analizáramos qué hacer. La verdad es que su consejo fue sabio.

Pero las palabras sabias en el oído de un necio, son tomadas como una agresión. Yo pensaba: "¿Cómo dejar perder aquello que nos costó tanto trabajo? Si el barco se hunde, el capitán se hunde con su barco".

Al final, mis dos socios se retiraron del "negocio" y yo seguí operándolo. Utilizo las comillas, debido a que ya no podía llamársele negocio.

No quiero entrar en detalles tétricos. Sólo puedo decir que teniendo el sesenta por ciento de expositores que el año pasado buscamos encontrar huecos con los cuales reducir los gastos. Y lo logramos. De hecho, lo logramos bastante bien: una duración menor del evento, canales de difusión distintos y más baratos, contratación de proveedores de montaje de un menor costo, reducir la oferta de servicios que no eran contratados.

Sin embargo, no fue suficiente.

Inclusive, de último momento, ya como palo de ahogados, buscamos atraer uno o dos inversionistas que inyectaran capital fresco a la compañía. Hoy, poniéndome con una sinceridad totalmente desde el corazón, lo que yo quería, más que capital, es que alguno de ellos supiera qué hacer, porque yo solo sentía cómo la corriente me iba arrastrando más y más profundo.

Con deudas arrastrando, con un producto que resulta altamente costoso, con una situación política y financiera del país sumamente complicada, poco a poco sentía que el agua iba llegando a mi cuello, a mi boca, a mi nariz y comenzaban a salir las pocas gotas de aire que aún guardaba en mi boca y pulmones.

El día de montaje del evento, con expositores y patrocinadores listos para entrar, aún debía yo casi treinta mil dólares al recinto ferial. Y el recinto es sumamente cumplido con su palabra: "No has pagado, no entras". Como pude, entre cobros a clientes rezagados, entre venta de bienes personales, entre préstamos personales que solicité, logramos pagar al recinto ferial el segundo día de montaje (normalmente en nuestros eventos eran 2 días de montaje previos al evento).

No quiero caer en víctima ni catastrofismo, pero puedo decirte que fue tal el estrés que, físicamente, aún tengo secuelas de aquellos hechos. Los pocos clientes que se tenían, querían una devolución de dinero (mismo que ya no se tenía debido a que se había pagado montaje, publicidad, recinto, costos operativos, etc.).

Teniendo que reducir de tres a dos días la duración del evento sobre la marcha, teniendo que negociar con los clientes que, aún con el retraso y la reducción, se quedaran, teniendo que conseguir préstamo tras préstamo para pagar "abonos" a los proveedores, negociando con estos mismos proveedores para que aceptaran solamente una parte de lo que habíamos acordado y que proveyeran bajo promesa de pago futuro… los empleados mirando como diciendo: "¿Qué va a pasar con nuestros empleos?"

He querido relatar de un modo concreto y al mismo tiempo bastante transparente esta experiencia, querido lector, porque creo fielmente que aquel que aprende de sus propios errores es inteligente, pero aquel que desarrolla la capacidad de aprender de los errores de otros, es sabio.

Hoy podría yo enlistar decenas y decenas de decisiones equivocadas, algunas inclusive hoy me parecen plenamente obvias. Sin embargo, cuando se es emprendedor, habitualmente existe una alta dosis de ego y de soberbia inconsciente.

81

Un emprendedor difícilmente se abre a observar los errores que está cometiendo en ese momento. Inclusive, si alguien experimentado se lo hiciera ver, en vez de tratar de ponerse en los zapatos de ese consejero, intentaría "defender" su punto ("no, es que no estás viendo como yo lo veo. Esto está así por "esto" y "esto". Y el resultado que esperamos obtener es "este" y "este"...).

Amigos: si una sola persona, abre su mente y su corazón a entender los patrones psicológicos y emocionales que hay detrás de estas decisiones, entonces este documento ha valido la pena. Cuando iniciamos en nuestro camino como emprendedores, somos pequeños, inquietos, con sueños gigantes... ¡enormes!

¿Sabes cuál es una de las mejores estrategias que puedas adoptar para aumentar la probabilidad de alcanzar esos sueños?

Simple. **Súbete en los hombros de aquellos que ya son gigantes.** Cada error, cada caída, cada tropiezo, nos achica un poco. Sin embargo, cada vez que se repone, se fortalece, se resuelve esa situación, nos devuelve el tamaño que teníamos y nos hace crecer un poco más.

Imagínate que una deuda no solventada, inevitablemente te hace decrecer, pongamos por ejemplo, cinco centímetros; pero cuando logras resolverla y entender cómo hacer para no volver a caer ahí, no sólo recuperaste tus cinco centímetros perdidos, sino que además creciste otros cinco centímetros extra, de tal manera que hoy en la vida hay gigantes: personas con múltiples caídas y múltiples crecimientos, cada vez nuevas caídas y nuevos crecimientos. Y ello los ha ido haciendo gigantes.

Pero, lo más interesante es que hay gigantes dispuestos a prestarnos sus hombros, a contarnos su visión. Y cuando tienes la oportunidad de subirte al hombro de un gigante, se necesita una enorme humildad para admitir que aún eres pequeño pero que, definitivamente, puedes ahorrarte tiempo, dinero y sufrimiento si aprovechas la visión que hoy ya tiene y que, si quisieras desarrollar solo, sin ayuda, podría costarte años y caídas. Y que quizás alguna de esas caídas puedan ser tan grandes y dolorosas que muchos ya no se reponen de ellas.

Capítulo 6.

"...Debes tener la humildad (...) de tener a personas más inteligentes que tú dentro de tu equipo, para ver aquello que tú no alcanzas a ver y accionar de maneras que tú no sabes llevar..."

Aunque este libro que estamos compartiendo no pretende ser demasiado emocional, quiero mostrarlo con total limpieza y total transparencia porque, cuando tú eres emprendedor, tarde o temprano habrá momentos en que vas a pasar tiempos oscuros, momentos en que va ser complicado seguir adelante.

Voy a compartir mediante relatos algunas de las experiencias, aprendizajes, para ilustrar un poco mejor aquello que quiero transmitir.

- Necesitas tener plan B, plan C y plan D.

Yo no lo tenía, no lo sabía manejar, no lo entendía. Tener opción de personas que me financiaran por si algo salía mal, tener opción de créditos blandos, tener cláusulas para que en caso de cuestiones externas, no fueran responsabilidades mías que incidieran en el evento.

Hoy lo sé, hoy te puedo decir que, dentro de tu equipo de poder, requieres tener por lo menos un aliado experto en el tema legal, un aliado experto en el tema de financiamiento, un aliado experto en el tema fiscal.

No los tenía. No lo sabía.

Como siempre me preguntan y reitero cada que puedo: "Osvaldo, si hoy volvieras a hacer ese proyecto, ¿qué harías diferente?" Lo primero que haría diferente es que con toda la venta que hubo al inicio contrataría un director general con experiencia, que supiera lo que yo no sé. Un director general haría a un lado mi ego ya que todos los emprendedores o la gran mayoría tenemos un ego enorme. Frente a nuestros proyectos, pensamos: "Es mi hijo y yo quiero crecerlo".

Hoy, si volviera a emprender este proyecto, con la experiencia que he adquirido, haría a un lado ese ego y contrataría un experto que tuviese más habilidades y más experiencia que yo.

Llegó el momento del evento. Faltaba una semana. Como te decía, pagar el recinto ferial son muchos miles de dólares y a mí me faltaba una quinta parte, alrededor de treinta mil dólares. Llegó el día del montaje y yo estaba todavía en la semana final. Además de generar más clientes, los últimos dos días me puse a generar préstamos. Me puse a tocar puertas con todos mis contactos, a llamar a familiares, amigos, conocidos, para obtener préstamos.

Al inicio era: "Préstame doscientos mil pesos..."; "Préstame trescientos mil..."; "Préstame quinientos mil...", porque obviamente nos faltaba, además de pagar el recinto ferial, también pagar a los proveedores de diversas áreas, como montaje, publicidad y diversos servicios. A ellos se les había dado adelanto. Sin embargo, había todavía que liquidarles.

De igual manera, pagar a las personas de operaciones, a los empleados eventuales, ya que, como te digo, es una logística muy grande y muy compleja, entre más grandes y más complejos son los negocios tradicionales, es una logística más grande y más compleja.

Y llegó el día del montaje. Me faltaba poco relativamente. Te digo, una quinta parte; le pido al recinto ferial, a mi ejecutiva de venta, que me dé la posibilidad de que esa última parte que debía, cubrirla el día que finalizara el evento, pero que dejara entrar a mis patrocinadores, a mis expositores, y su respuesta fue no.

Los expositores y los patrocinadores estaban afuera del recinto, ya con sus camionetas, ya con todos sus empleados para hacer montaje de stands. Y en la puerta del recinto ferial les decían: "Este evento está cancelado. No puede usted pasar".

Y entonces, el día del montaje empiezan a llegar todas las llamadas a la oficina… llamadas diciendo: "Esto es un fraude"; "Esto es poco profesional"; "Voy a cancelar mi participación"; "Devuélveme el anticipo que te di"; "Quédate con el anticipo, pero no te doy un peso más, me retiro"; "No cuentes conmigo", etc.

Y entonces, teniendo que negociar, intentar salvar a los pocos clientes que quedaban, porque era la situación "menos peor".

Hubo quien después me dijo: "Osvaldo, pero si ya había pocos clientes, ¿por qué no lo cancelaste?".

Otro aprendizaje.

Debí haberlo cancelado hace diez meses cuando no entraban los clientes, cuando mis socios se retiraron de la mesa, cuando la situación se puso tensa, cuando aún tenía deudas pequeñas de diez mil, veinte mil, treinta mil dólares; en ese momento debí haberme retirado de la mesa, pero no lo hice y ahora estaba en ese punto donde cancelar implicaba un costo demasiado alto.

Ahí, implicaba un costo diez veces mayor porque el dinero que había recibido ya lo había pagado en toda la logística, en empleos, difusión, materiales, etc. Entonces, yo no podía devolver dinero que no tenía. Ahora, debía lograr el evento.

Hago un pequeño paréntesis, porque de pronto vienen emprendedores conmigo, de pronto *coacheo* a personas de redes de mercadeo que me dicen: "Osvaldo, es que no voy a alcanzar a llegar este mes a la meta que me propuse..." "Es que casi lo logro pero sería mucho esfuerzo..."

No tienes idea del daño que le hace a tu pensamiento cuando te propones algo, te prometes algo y no te lo cumples: "Voy a lograr esta meta"; "Voy a subir este rango"; "Voy a vender este número de piezas"; "Voy a hacer estas alianzas." Pero no lo logras... ¡no tienes idea del daño!

¿Por qué daño?

Porque tu mente se acostumbra a que tu palabra no valga, tu mente se acostumbra que, aunque digas: "Voy a bajar de peso"; "Voy a darle este obsequio a mi pareja"; "Voy a llevar de vacaciones a mis hijos", etc., al final, no pasa nada si no se logra... se acostumbra al "siempre no se puede".

Sin embargo, si no haces que tu mente se esfuerce, que se obligue a alcanzar los resultados y/o a crear las estrategias, ésta se acostumbra a que lo que estás diciendo no es verdad. Es una mentira y se acostumbra a que puedes romper tu palabra, a que puedes mentirte a ti mismo: "Total... si no lo logro, ¡no pasa nada!" En verdad, no tienes idea del daño que puede producirte como emprendedor, como empresario y como persona, el no lograr lo que dijiste que ibas a lograr.

Ahora, ya tengo mucha mayor experiencia en temas de programación mental, en temas de conocimiento de psicología, en temas de emprendimiento y pensamiento empresarial, de "*millionaire mindset*".

Y te lo puedo decir: ¡Ponte objetivos retadores, pero alcanzables! Y cuando estés en la última línea, no te dañes.

¿Y cómo sería dañarte?

Sería que, si dijiste: "Voy a cumplir, voy a lograrlo..." y eliges no dar esa milla extra, ¡es un daño terrible! Cada que te justificas: "Bueno... es que lo intenté" es terrible, porque el mensaje, el aprendizaje a tu mente es: "Todo lo que me proponga no es importante"; "Si no lo logro, no pasa nada"; "Si me rajo a la mitad, justificándome, no pasa nada".

Y entonces, cada que te vuelvas a proponer algo la mente ya sabe que puede boicotearte y se vuelve floja. Inclusive, puede volverse tu enemiga sin que lo sepas.

Termino el paréntesis y sigo con el relato.

Entonces, era el último día y yo estaba haciendo llamadas como desesperado, buscando préstamos, buscando personas que me financiaran, con alguna que otra institución bancaria, buscando salir adelante con ese tema, buscando resolver, buscando lograr.

Obviamente, el evento no iba a ser ni la mitad de lo que había sido el año pasado,   pero ya había que sacarlo adelante.

El hipotético lector hoy probablemente está pensando: "Osvaldo, es que estas diez cosas que hiciste, las hiciste "con los pies", o como se dice en el lenguaje popular < lo hiciste con las patas >". Y sí, efectivamente. Y parte del error fue no tener a personas más inteligentes que yo en el equipo.

Ese día en particular, pasaría con cinco personas diferentes, con quienes, al final solo pude llegar con dos porque la Ciudad de México estaba paralizada ya que había un plantón en Paseo de la Reforma que detenía absolutamente todo.

Era jueves, casi fin de semana, y había marchas en dos avenidas más. Entonces, no pude llegar.

Recuerdo que, al final, me dieron el cheque para depositar y llegué al banco diez minutos tarde. Le llamé a mi ejecutiva de cuenta del recinto ferial para decirle: "Ya tengo el cheque pero no lo pude depositar. Mañana te lo entrego".

Fue casi un ruego y, ante ello, la respuesta de la ejecutiva fue: "Osvaldo, ya hicimos lo más que pudimos por ti. Tu evento está definitivamente cancelado y no podemos hacer nada más".

Recuerdo que en ese momento sudé frío.

Voy a mencionar la escena. Insisto, no por el drama, no por hacer el drama, pero si has sido emprendedor y algo te ha salido mal, entenderás la sensación de la cual te hablo.

Sudaba frío. Me senté junto a mi auto estacionado, me recargué en la llanta (recuerdo que sentía el calor de la llanta, que sentía cómo estaba manchando mi camisa) y mi vista se nubló, porque todo lo que veía en mi mente eran las imágenes de las demandas que vendrían, de todos aquellos que ya me habían pagado, de aquellos a los que les di un adelanto por sus servicios y ahora no podría seguir adelante con lo pactado; aquellos con quienes había firmado contratos y no había cumplido; aquellos a quienes había vendido espacios en el evento y no podría cumplirles, visualicé cómo mi nombre quedaría devaluado, quedaría aplastado para siempre. Vi cómo todas las puertas se me iban a cerrar permanentemente.

Me senté a llorar y, en ese momento, admito que renuncié a vivir. No estaba diciendo: "Me voy a quitar la vida", pero en ese momento renuncié a vivir, renuncié a mis sueños y esperanzas, a pensar, a emprender... Y lo único que pedía, era: "Dios mío, sácame de aquí, sácame de esto..."

La persona que me estuvo acompañando ese último día, me tomó de los hombros como pudo y me llevó a casa. En ese momento solté toda esperanza y me retiré a dormir.

Insisto: sé que, quizá, tú que estás leyendo, pensarás: "¡Qué espantosa reacción! ¡Cuántos errores!" Y tienen razón. Es mucho más difícil cuando estás dentro de la escena que cuando la ves como un observador.

Quizá opines que no es necesario contar estos detalles pero tienen un porqué. **Menciono esto porque tú como emprendedor te vas a equivocar**, vas a tomar decisiones erróneas, vas a vivir situaciones donde todo a tu alrededor parezca derrumbarse... Y cuando eso pasa, lo mejor que puedes hacer es relajar la mente y al día siguiente limpiarte el rostro, levantar la cabeza y mirar, hacer el recuento de los daños y seguir adelante.

A la mañana siguiente, desperté como zombi. Escribí un correo electrónico al director comercial y le dije: "Ya tengo el dinero que falta. No pude depositar el cheque pero lo tengo en mis manos. Lo único que quiero, es que me permitas hacer mi evento. Estoy cansado y fastidiado de esta monserga. A los dueños y a los emprendedores se les carga todo el peso. Los empleados viven una vida feliz, viven una vida donde lo único que les interesa es cobrar su cheque, donde perfectamente pueden despotricar en contra del jefe, en contra del dueño, pero no hacen nada por mejorar su situación. No se arriesgan. Yo me arriesgué y creo que hoy lo perdí todo… Lo único que quiero es que me permitas hacer mi evento…". Eso fue a las seis cincuenta de la mañana.

Me respondió cinco minutos después: "Osvaldo, acabo de hacer dos llamadas para que te permitan hacer tu evento. Yo estoy fuera de la ciudad pero ya están notificadas la coordinadora comercial y tu ejecutiva de ventas. Ellas llegan a la oficina a las ocho de la mañana y ya te estarán esperando. Por favor, que el cheque sea bueno…"

Fuimos a la oficina, validaron de inmediato el cheque y a las nueve de la mañana me dan el visto bueno: "Osvaldo, todo está validado. Adelante, puedes entrar a hacer tu evento".

Y entonces a correr la maquinaria: Se abrieron las puertas y entraron las personas encargadas de montaje, la persona encargada de operaciones, etc.

Había expositores que se querían poner pesados argumentando: "Es que, desde ayer estamos perdiendo tiempo". Y una actuación magistral de la persona coordinando operaciones, negociando con ellos, argumentó: "Mira, ya estás aquí. Tienes este tiempo y tú decides si lo aprovechas o no, porque, finalmente, ya se logró, pero tu proceso de devolución o de cancelación va a tardar meses para resolverse debido a los tiempos legales habituales". Y prefirieron montar el evento y poner a trabajar la maquinaria.

El evento salió... mucho peor de lo hubiéramos deseado originalmente, pero salió.

¿Quedé con deudas? Sí. ¿El evento se llevó a cabo? Sí. ¿El evento no fue ni la mitad de exitoso de los eventos anteriores? No. Pero, al menos, pudimos realizarlo.

Mira. Haciendo una analogía con un accidente automovilístico ¡chocamos! Sí. Íbamos conduciendo el auto, tratando de controlarlo ante las averías y fallas, cuando el auto chocó. Pero, por lo menos logramos que chocara contra el poste y contra la valla de división. Evitamos que se fuera al barranco.

Sí. Chocamos. Perdimos el coche. Me abrí la cabeza, me rompí varias costillas pero, mira: yo creo que de no haber logrado eso, quizá hasta del país hubiera tenido que haber huido porque las demandas hubieran sido tremendas y lento y laborioso el proceso para resolverlas, sin mencionar que sería exageradamente cuantioso (aún más de lo que fue).

Por eso, cuando escucho a diferentes personas que hablan mal de algunos empresarios, prejuzgando que les salieron mal las cosas, se nota que son personas que no conocen de qué se trata, porque es muy fácil hablar de cómo se torea - ¡vaya! - desde la banca, pero son cosas completamente distintas cuando estás directamente enfrente del toro. Yo no soy aficionado a los toros pero es una explicación muy válida en este punto.

Debes tener la humildad, como ya lo hemos dicho antes, de tener a personas más inteligentes que tú dentro de tu equipo, para ver aquello que tú no alcanzas a ver y accionar de maneras que tú no sabes llevar.

Pues quebré. Y quedé debiendo sumas exageradamente cuantiosas. Pero, el evento salió adelante y no tenía tiempo para la auto laceración y las auto lamentaciones.

Pedí a Dios que me sacara: "Por favor, Dios mío: sácame de aquí". Cuando rezaba, formulé dos promesas: "Si me sacas de aquí, voy a seguir adelante, cumplir mi misión y compartiré mis aprendizajes con cuanta persona se me ponga enfrente".

Y he cumplido ambas promesas. He seguido mi misión y sigo compartiendo los aprendizajes con cuanta persona me permite hacerlo.

Capítulo 7.

"...Riqueza desde el ser es todo lo que realmente enriquece al ser humano. No solo adinerarse, sino también riqueza espiritual, riqueza material, riqueza emocional, riqueza psicológica, riqueza física, riqueza familiar, riqueza social... todo lo que hace crecer a la persona..."

No tenía socios ni empleados. Quedaban pequeños huequitos en la cuenta bancaria (digo "huequitos", es decir, había como veinte mil pesos) que para los miles y miles de dólares que se debían no alcanzaban para nada.

Mi mente me decía: "No se lo des a quienes les debes porque no te va a servir de nada. No vas a disminuir en nada la deuda. ¡Ponlos a trabajar!"

Al principio, repartí currículos como desesperado para conseguir un empleo, buscando generar ingresos. Pero mi currículo estaba totalmente desproporcionado. Imagínate: "Experiencia: Director General. Número de personas a cargo: hasta quinientas personas directa e indirectamente coordinadas. Edad: 23 años. Educación Universitaria: incompleta".

Era difícil porque, para algunos cargos, era sobrevalorado, con demasiada preparación. Y para otros cargos, por supuesto que se reirían si pedía una Dirección o Gerencia.

¿Qué hacer?

Seguir adelante. Ser flexible.

Con las computadoras que sobraron de la empresa, con el poco dinero que sobró, debiéndoles a las personas que me habían prestado, renté un local comercial. Fuimos a la tienda "Home Depot" a comprar maderas, bases, pintura, etc. Diez mil pesos rindieron como cincuenta mil. ¡Dios multiplicó los panes! Y montamos un cibercafé.

Yo había sido líder del taller de Cómputo Avanzado en la Escuela Nacional Preparatoria. Perfectamente, sin problema sabía montar una red, configurar las computadoras e instalarlas.

Todo eso era de educación primaria para mí, dado que eso era lo que habíamos hecho en la preparatoria. Montamos un cibercafé con siete computadoras, pequeño al inicio, pero la visión de emprendedor y la visión de innovación es algo que, cuando la desarrollas, nunca te abandona.

Y ahí, con ese pequeño negocio, empieza el camino a la libertad financiera.

¿Cómo es posible que con un cibercafé empiece ese camino?

Te voy a decir algo. Mis computadoras eran viejas, así que tuve que desarrollar sistemas para que pudieran funcionar sin necesidad de instalarles el software que las controlara, porque no podían soportarlo.

Diseñé el modo de que pudiese registrar entradas, salidas, consumos totalmente registrado en papel, con formatos impresos aplicando sistemas. Por ejemplo, creamos un correo electrónico donde los clientes pudieran enviar sus documentos; los procesábamos, imprimíamos y alistábamos para que solo recogieran y pagaran.

Comenzamos a innovar: servicios para ayudar con las tareas de los estudiantes, procesos bancarios y fiscales online, por lo que ese cibercafé se convirtió como en un centro de información.

Hablamos ya de trabajo de varios meses; paso a paso, aunque mi salud física y mi salud emocional pagaron un precio alto.

Siempre hay un precio que pagar. Aún hoy tengo secuelas físicas de todo aquello que sucedió.

Por eso, hoy mi bandera es "riqueza desde el ser". A partir de ahí se comenzó a acuñar. Riqueza desde el ser es todo lo que realmente enriquece al ser humano, no solo adinerarse, sino también riqueza espiritual, que ante los retos, ante los problemas, esté en paz consigo mismo; riqueza material, por supuesto; riqueza emocional; riqueza psicológica; riqueza física; riqueza familiar; riqueza social... todo lo que enriquece, lo que aviva, lo que hace crecer a la persona, porque yo viví el proceso de salir adelante con el costo de dañar a mi familia y mi salud.

La realidad es que si me hubieses conocido cuando tenía veinticuatro o veinticinco años, mi apariencia física era de alguien de treinta y cinco años o más, con un sobrepeso tremendo, con un descuido físico considerable, con una salud pésima, con problemas de migraña, con problemas severos, fumando, tomando, con hábitos equivocados, porque ahora la desesperación era salir y solo pensaba en generar dinero... ¡y funcionó! A un costo alto, pero funcionó.

Hubo que volverse muy organizados y muy administrados.

103

¿Recuerdas los consejos que me habían dado en la carrera para llegar a ser millonario? Pues, debía aplicarlos de una manera muy puntual y disciplinada.

Voy a compartirte un poco del proceso en algunas áreas detalladas porque estos principios son los que me han permitido multiplicar muchas veces estos activos. Habrá quien piense: "Eso sólo aplica a ese negocio". Y habrá quien diga: "Ello sólo demuestra su falta de visión".

Entender estos principios básicos te permitirá aplicarlos a cuanto negocio o emprendimiento desarrolles y puedes producir resultados enormes a partir de controlar los pequeños detalles.

Te decía: cuando el negocio comenzó a producir ganancias, debía yo decidir entre ahora si abonar a deuda, o crecer los activos.

Decidí lo segundo.

Compré con las primeras ganancias tres máquinas más, pero lo que producían esas tres máquinas era renta, asesoría, impresiones y demás... no lo metía dentro de la contabilidad del negocio. Lo metía para un ahorro. No era un ahorro para pago de deudas o para gasto, sino que era ahorro para otro activo.

Entonces, gracias a esas máquinas mi negocio operaba con diez computadoras pero la contabilidad solo recibía de siete, y de las otras tres se ahorraba y reinvertía.

Algunos meses después esas tres máquinas produjeron y se multiplicaron convirtiéndose en otras diez y montamos un segundo cibercafé; Y luego montamos un tercero. Posteriormente teníamos una pequeña cadena.

Después, esto acumulado íbamos invirtiéndolo en una fuente de sodas, y en algún momento se acercó una persona ofreciendo unos lotes, terrenos en una zona que estaba a punto de ser urbanizada y había que dar un pequeño enganche.

Entonces volví a tomar un primer riesgo. En ese momento ya estaba yo dando pagos a las deudas, aunque muy pequeños; y ya tenía yo para dar un pago respetable a la deuda y acortar mucho el tiempo. Sin embargo, decidí invertir en los activos. Arriesgué a dar ese pequeño enganche y compramos ese primer lote para esa zona urbanizada. ¿Y cómo se iba pagando? ¡De esos cibercafés!

Observa la estrategia:

Dice *La Biblia*: "Como eres en lo poco, te pondré en lo mucho".

De los distintos cibercafés, decidí "cortarles" un poco del flujo, como si se hubiera descompuesto una computadora o dos. Es decir, que el ingreso que producían esas máquinas no lo recibieran los cibercafés, sino que fuera apartado para acumular para las mensualidades. Un poquito de aquí, un poquito de allá... Eran terrenos muy baratos porque todavía no había urbanización.

Podría redactar varios tomos completos explicando el detalle de aquellos movimientos, ya que es mágica la multiplicación del dinero gracias al cuidado de cada centavo. Y probablemente, después lo comparta en algún seminario o un nuevo libro.

Un buen día, me visitó una vendedora de seguros que me hizo uno de los mejores obsequios en toda mi vida. Me ofreció sus productos y en medio de la charla me dijo: "Tú estás trabajando muy duro".

Ella no sabía nada de mi historia. Me veía como un emprendedor que apenas iniciaba su carrera con cibercafés, sin conocer todo lo anterior, y decide compartirme un valioso consejo: "Tú estás trabajando muy duro. Tienes que cuidar a la gallina de los huevos de oro, no solo a los huevos. Es más, te voy a dar un regalo". Y me envió por *email* un archivo que era el resumen del libro *"Padre Rico, Padre Pobre"* del autor Robert Kiyosaki.

Y al leer el libro, tantas cosas cayeron en mi mente.

Entendí tantas cosas: tantos de mis errores, tanto de lo que sí había funcionado. Recuerdo que fue como si los ángeles comenzaran a cantar y yo empezara a escuchar su voz.

En aquella época no existía nada de eso en México. El libro lo vendían en tres librerías y < párale de contar >. No existía el tablero de *Cash Flow* ni nada de eso en México.

Por mi parte, los cibercafés estaban produciendo, ya había invertido en una fuente de sodas, estábamos desarrollando negocios de transportes colectivos de pasajeros, ya estaba invirtiendo en un poco de bienes raíces, ¿sí me explico?

Estábamos creciendo.

Me nació la necesidad de compartir, de transmitir mis experiencias, mis caídas, mi proceso de resurgimiento y de que otros emprendedores pudiesen aprender de mis propios errores y aciertos. De nuevo, me aventuré: decidí crear un blog gratuito donde publicar todo esto.

Luego, escribí a las personas de *"Rich Dad"*, en Estados Unidos, contándoles: "Miren, yo estoy participando en el Tecnológico de Monterrey y estoy escribiendo un blog para compartir esto. Fui emprendedor. He sido empresario. Ya quebré y estoy saliendo de mi quiebra. Me gusta compartir. ¿Qué podemos hacer?"

Les comenté que había dado clases desde el bachillerato y quería compartir los materiales con empresarios mexicanos.

Y para mi sorpresa, abiertamente me mandaron una contraseña y una dirección de un servidor de archivos.

Me dijeron: "Hay algunos materiales que, si tú gustas, puedes descargarlos. "Tropicalízalos" e imparte talleres. Solo no lo compartas como que es de tu autoría. El objetivo de Robert es crear prosperidad y abundancia y por eso decide compartirlo contigo. No lucres con esto. Puedes pedir costos de recuperación pero no precios altos. Ayúdanos a cumplir esta misión".

Entonces, invertí en la fundación de un sitio web llamado "Rich Dad México", que se convirtió en la "comunidad Kiyosaki" más activa de América Latina de aquel entonces.

Quizá alguno de los lectores la recuerde. Nuestro objetivo era servir.

Todos los días, sin excepción, escribía yo algún artículo relacionado con emprendimiento, experiencia, negocios, noticias de negocios, de la bolsa de valores, de los mercados, de empresas. Compramos algunos de los primeros tableros de *Cash Flow* que llegaron a México.

Luego fueron llegando otros aliados de Kiyosaki. Ellos sí eran comerciales, ellos sí eran "legales", por llamarlos de algún modo. Lo mío solo era para compartir pero a mí me habían dado la licencia de enseñar, más no de comercializar productos.

Por lo tanto, cuando llegaron a ellos les comprábamos algunos tableros. No había nada de eso en México. Nadie enseñaba, nadie certificaba. Eso no existía y creamos una comunidad de clubes de *Cash Flow*.

Creamos toda una dinámica y todo ello era sin costo.

De mi bolsillo pagaba *hosting*, todas esas páginas de internet, todos esos servicios, diseñador, programador, etc.

Y creamos toda una infraestructura para que esos clubes siguieran un sistema porque no había nada en México. Llegamos a tener muchas decenas de clubes de *Cash Flow* operando en todo México, creando una comunidad realmente grande, con la intención de servir, de generar valor, todo ello pagado de mi propio bolsillo. Mi intención no era lucrar, era compartir.

Yo me había desconectado por completo de mis amistades de la universidad. Las escuelas por lo general son "un pueblo chico, infierno grande".

Cuando mi proyecto de empresa iba bien en los pasillos encontraba personas que me felicitaban porque incluso ganamos un reconocimiento de la Incubadora Nacional, ganamos un Premio Nacional de Emprendimiento, y todo el mundo me felicitaba.

Pero cuando quebró mi empresa cotidianamente se murmuraba: "Es que, quizá, lo meterán a la cárcel. Mejor mantén tu distancia".

Mis emociones eran tan complicadas que me desconecté por completo. En aquel entonces yo no llevaba una vida social. Viví para trabajar. Viví para pagar deudas, para sentarme a negociar.

Capítulo 8.

"...Dios escribe derecho sobre líneas chuecas. Cuando me di cuenta, descubrí que podía volver a soñar..."

Estaba creciendo algo realmente enriquecedor y de trascendencia.

Estaba ya dando cursos de inteligencia financiera y emprendimiento; teníamos un portal, que no cobraba un sólo peso, brindando toda una infraestructura de emprendimiento y generación de abundancia; se creaban alianzas, se creaban foros de discusión... ¡se creaban emprendimientos!

Un amigo de la universidad, a quien hoy honro y respeto demasiado, me estuvo buscando durante meses para invitarme a un negocio. Él y yo ya habíamos hecho algunos proyectos antes de *coaching*, de consultoría, de cursos y me buscaba para invitarme a un negocio de redes.

Aquí pondré una acotación muy personal: yo no entiendo a las personas que se persignan y que se espantan de los negocios de redes.

A mí, cuando me lo presentaron, se me hizo muy lógico. Yo lo entendí como "comisiones escalonadas". Tú, lo único que haces es conseguirle clientes a "equis" empresa y te pagan una comisión; pero, si tus clientes le consiguen clientes, le pagan a ellos y te pagan a ti. Y si esos clientes le consiguen clientes, les pagan a ellos, luego a ellos y te pagan a ti. Y así sucesivamente.

Lo que yo vi fueron comisiones escalonadas. Lo vi como una gerencia de ventas pero "escalonada" y me gustó.

Estaba yo a punto de ingresar cuando mi socio me dijo: "Con que consigas a tres líderes tienes un negocio. ¿En serio no conoces a tres líderes?" Y ahí me perdió. Ahí es cuando dije: "¡No voy a firmar!"

Venía de una quiebra emocional. Todavía no me consideraba lo suficientemente emprendedor como para realmente liderar un equipo.

Si analizamos esta historia, te darás cuenta que, en los negocios que había desarrollado, ¡no era un líder! Sólo era un jefe con algunos empleados a los que les pagaba un sueldo. Y las inversiones que estaba haciendo no eran con un equipo (quizá algunos empleados pero no un equipo de trabajo). No me consideraba un líder. Mi autoestima estaba por los suelos.

Al llegar a los veinticinco años, ya habían pasado dos años después de haber tocado fondo. Emocionalmente todavía era complicada la situación. No estaba listo para liderar.

Nunca le dije que no a mi amigo; tampoco le dije que sí. Pensé que no pasaría de ahí pero Dios escribe derecho sobre líneas chuecas y tanto le pedía que me ayudara a recuperarme que Dios, diligentemente, insistió.

Hoy, al ver las cosas *a posteriori*, puedo decirte que hay que saber leer las señales y tener la humildad de escuchar a Dios cuando quiere ayudarte.

Yo creía que mi crecimiento en los negocios no tendría nada que ver con aquello pero, insisto: Dios escribe derecho sobre líneas chuecas.

Mi mejor amigo de la universidad, quien también me había estado buscando, me encontró. Él es una persona genuinamente noble y de buen corazón. Su familia es una de las familias más respetadas y prestigiadas en el medio de las telecomunicaciones en México. Son empresarios de muy alto renombre y con resultados fenomenales. Pero, sobre todo, son personas buenas que gustan de realmente crear valor y honrar a las personas.

Y cuando decidimos reunirnos para explorar nuevos proyectos o negocios, él también puso sobre la mesa el mismo negocio de redes.

Ayúdame a contextualizar esto: a mi amigo le iba muy bien. Era un amigo del Tecnológico de Monterrey, miembro de una familia de negocios muy respetada y admirada en el país, una persona a quien admiro mucho, que le tengo mucho cariño; a él y su familia los quiero mucho. ¿Por qué alguien tan exitoso, que no requería hacer redes, me hablaba de lo mismo? ¿Me explico?

Acepté por ser él. No me interesaba el negocio. No tenía la autoestima para crear y/o liderar equipos. Pero confiaba en mi amigo. Él sabía mil veces más de negocios que yo. Su familia tenía un millón de veces más resultados que los míos. Y como te habrás dado cuenta, habitualmente cuando realmente decido involucrarme en algo, mi pasión, entrega y espíritu se manifiestan a un mil por ciento.

115

Comenzamos a hacer redes. Nadie nos enseñó. Mi *upline* sabía casi lo mismo que yo del negocio, es decir, casi nada. Y caminamos a prueba y error, aprendiendo, errando, mejorando.

Visualicemos el escenario: una pequeña cadena de cibercafés; una fuente de sodas (que liquidamos algunos meses después debido a diferencias entre los socios, pero que dejó una buena liquidez para seguir reinvirtiendo); los emprendimientos en bienes raíces (por favor, no vayas a creer que eran de manera profesional. Algún día podremos abordar profundamente este tema y verás que, de igual forma, aprendimos "sobre la marcha", a prueba y error: mucho error) y diversas inversiones de "entrada por salida" que obtenían cierta utilidad (cursos, coaching, conferencias, seminarios, etc.); una comunidad de apalancamiento, servicio, creación de valor a nivel nacional, un sistema *online* de apoyo a emprendedores, una comunidad de miles de seguidores, una red de expertos que ayudaban a los miembros de la comunidad... y ahora incursionábamos en las redes.

Tenía cubierta casi la totalidad de las deudas y en el multinivel empecé a tener gente que me siguió. Estaba yo a un paso de la libertad financiera, pero no lo sabía. Y para variar, ¡vaya forma de descubrirlo! Veamos.

Un día que iba a impartir un taller de negocios, durante la madrugada, desperté con un dolor en el pecho, un dolor muy fuerte y fuimos al hospital. Eso no se lo conté a mi familia. En el hospital me dijeron que había tenido yo un pre infarto y que tenía que cuidarme porque estaba viviendo bajo mucho estrés.

Trabajando veinte horas al día, comiendo mal, con un sobrepeso excesivo, lacerándome de mis problemas, pero al mismo tiempo comenzando a atender a mi equipo de trabajo para que desarrollaran las habilidades que yo había desarrollado, *coacheandolos* en temas de liderazgo, de ventas, de negociaciones, de inversiones... la idea era que ellos alcanzaran rangos de liderazgo para generar liquidez.

Para mí, la idea del multinivel no es para que de ahí te compres lujos, te compres coches, compres casas, ¡no! Es para que juntes dinero (diez mil, veinte mil dólares extra) y vayas aprendiendo a invertir en la bolsa, vayas aprendiendo a invertir en negocios (si pierdes el dinero, no hay mayor problema. Tienes el flujo de efectivo sin haber renunciado a tu empleo y sin haber renunciado a tu negocio tradicional. El siguiente mes vuelves a recibir dinero y vuelves a intentarlo). Siempre fue mi concepto del multinivel y sigue siendo tal cual. Para ello lo recomiendo.

Pero, regresando al relato, el médico me dice que tengo problemas. Decido sentarme con mi contador, ya que pensé: "Si las cosas se van a complicar en la vida, hay que resolverlo y dejar todo preparado..."

Mi querido lector. Imagínate mi sorpresa cuando, al sentarme con mi contador, él me dice: "Oye, Osvaldo: ya casi pagas lo que debes. Con los ingresos que tienes de estos activos que has creado, si dejaras de trabajar se caería un poquito tu ingreso pero, aun así, seguirías ganando más dinero de lo que gastas. **¡Esa es tu tan sonada liberta financiera, ¿no?!"**

Estaba a punto de cumplir veintisiete años de edad y había llegado la libertad financiera.

El costo fue altísimo: trabajar veinte horas al día, aprender a negociar, ahorrar, invertir, decidir, cumplir, crear valor; tomar cursos de finanzas personales o un seminario de emprendimiento, de liderazgo, de inversión (mínimo uno semestralmente y algunos semestres más de uno), leer en promedio uno o dos libros al mes, escribir todos los días en mi portal de negocios (y lo que escribía era como compartir los aprendizajes, pero realmente yo estaba aprendiendo más a explicarle a otros).

Tenía aliados a los cuales yo les había dado una plataforma de crecimiento. Estaban ganando dinero y me pasaban dinero de eso que ellos ganaban puesto que, con esta infraestructura, les había acelerado su propio crecimiento en años.

Y cuando me di cuenta, descubrí que podía volver a soñar. En ese momento, algo cambio en mí. En ese momento adopté una bandera para otra vez emprender, otra vez soñar, para buscar y explorar de nuevo.

Mira. A partir de ese momento, simplemente la vida adquirió velocidad. Puedo mencionar muchos, muchos, muchos emprendimientos en este tiempo. Algunos con resultados exitosos y otros que fueron aprendizajes.

Desarrollamos un modelo de negocios para participar en biocombustibles (biodiesel, específicamente) a partir de insumos técnicamente inagotables; desarrollamos múltiples programas de entrenamiento a emprendedores y empresarios en temas como *"millionaire mindset"*, libertad financiera, desarrollo de inversiones, financiamiento para empresas, etc. A partir de la comunidad y la red, he podido apoyar y acelerar múltiples proyectos de miembros de la comunidad, ya sea con participación directa, con inversión o con asesoría.

El secreto sigue siendo ayudar a crecer a otros para poder crecer uno mismo.

El primer millón de pesos se facturó a mis veintidós años con el emprendimiento que inicié en la universidad y que luego quebró.

El primer millón de dólares se generó a los treinta años de edad (siete años después de la quiebra) al sumar todos estos activos que te menciono recientemente y algunos más que fueron generándose en el transcurso del tiempo (como inversiones bursátiles durante la famosa recesión de 2008 (de lo cual podremos hablar un poco más en futuros libros y materiales) y en otro tipo de negocios).

¿Influyó la quiebra para acelerar el crecimiento?

Por supuesto que sí.

¿Ayudó el multinivel para incrementar la velocidad aún más?

Permíteme ser honesto: Sí, absolutamente sí.

Este libro no trata sobre multinivel. Mi libertad financiera no fue producida en su totalidad por el multinivel. Pero, definitivamente es uno de los mejores catalizadores, aceleradores y escuela de negocios que existen en el planeta... claro, siempre y cuando realmente se cubran ciertos requisitos al respecto, tales como, que genuinamente tengas la humildad de ser enseñable cien por ciento, que tus líderes realmente sean personas de negocios y líderes, más allá de motivadores, con quienes te vuelvas socio realmente y no un miembro más de un grupo, y que elijas el vehículo no el que sea más baratito o cómodo para ti, sino todo lo contrario: el que te haga estirarte y desarrollar aquello que has evitado desarrollar pero que, tú lo sabes, te hace falta.

A mí, me dio realmente mucha velocidad colgarme de toda esa infraestructura para equivocarme más rápido, aprender más rápido y capitalizarme más rápido, para así poder invertir más rápido en muchos otros activos.

Mira. Las inversiones que realicé al inicio fueron empíricas. Sobre la marcha he ido aprendiendo a profesionalizar, mejorar y depurar todos los emprendimientos e inversiones. Y falta aún mucho camino por recorrer.

Tal como dije al inicio: este material no pretende ser de un experto, ni mucho menos. Es mi historia, mis caídas, mis aprendizajes: es compartir mi proceso de crecimiento.

Hay muchos temas donde me he especializado y he desarrollado mayor *expertice*. Y van creciendo, pero todo empieza con un primer paso. Y un millonario tiene que empezar por su primer millón. Tú tienes que iniciar con tu primer millón. ¡Y tienes que iniciar ya!

Lo que te puedo traer aquí, casi como colofón es:

-Cuando sientas que se te va a apagar el motor que estás conduciendo, pisa el acelerador... ¡pisa el acelerador!

-Asesórate con personas más inteligentes que tú y págales. Si no tienes para pagarles, mínimo invítalos a comer una vez al mes y, genuinamente, pídeles su consejo.

-Ingresa en un multinivel, pero no vayas a escoger un multinivel barato ni vayas a escoger un multinivel facilito. Participa en uno donde haya verdadero liderazgo y mucha capacitación. Elige un multinivel donde los líderes no se enfoquen nada más en gastar su dinero, sino que sean inversionistas, donde los líderes que ya ganan dinero no sólo gasten en automóviles, residencias y lujos de ostentación.

Busca líderes coherentes y congruentes. Sí, que vayan mejorando de automóvil, de vestimenta, pero que genuinamente te compartan como utilizar ese ingreso para pagar deudas, para invertir, para crear más activos, que ellos no solamente sean "multiniveleros", sino que hayan dado el paso al siguiente nivel: un nivel de empresario, de inversionista, de creación de valor, de trascendencia y construcción de un legado.

121

Epílogo.

He seguido emprendiendo múltiples negocios. Algunos han sido aprendizaje y otros han resultado exitosos. Ya no tengo la comunidad de Rich Dad México, por ejemplo.

Hoy lidero algo enorme y que genera empoderamiento para los emprendedores que se llama Escuela de Negocios.

Y Escuela de Negocios sigue siendo el enfoque original: crear una plataforma donde todos reciban valor y que a través de ese valor hagan negocios, riqueza.

Escuela de Negocios no es para lucrar como tal. Naturalmente se crean negocios a partir de ahí pero es una plataforma para crear valor, es una plataforma para producir cosas impresionantes, es más una plataforma de empoderamiento para las personas, de que el experto en el área "A" se junte con el experto del área "B", porque el experto en el área "A" es un completo ignorante en el área "B" y necesita del experto en el área "B", y que mutuamente crezcan y le enseñen lo que ellos han aprendido al que no sabe todavía nada de ninguna de las dos áreas, y lo ayuden a crecer; no que lo hagan crecer porque cada quien decide, pero lo inspiren y lo ayuden.

De hecho, si quieres participar en Escuela de Negocios completamente sin costo, sólo debes registrarte en mi sitio web:

www.tuprimermillon.mx/listadecorreos

El significado final de esta obra quiero que lo traduzcas como:

¡Tú puedes!

Mira. El mundo merece y necesita millonarios. Necesitamos que te quites la idea de que el millonario es malo, de que el dinero es malo, de que "¿Yo para qué quiero eso?" Jugando chiquito no le ayudas al mundo. El mundo necesita millonarios que inviertan en fundaciones, que inviertan en comercio justo, que inviertan en otros emprendedores. El mundo necesita millonarios pero, para ser millonario, se requiere una humildad enorme.

El precio que he pagado ha sido alto, ¡muy alto! Y Dios me ha visto con buenos ojos. Tú puedes pagar un precio no tan alto si te subes a los hombros de gigantes.

Créeme: con los consejos que te he compartido a lo largo de la charla, si los aplicas, tú también puedes alcanzar tu primer millón, como yo alcancé mi primer millón de pesos de facturación a los veintidós años y como yo alcancé mi primer millón de dólares de facturación a los treinta años, y no solo eso. Si esto logra inspirar, logra despertar, logra crear conciencia, logra abrir los ojos, logra pavimentar el camino aunque sea a una sola persona, entonces habremos ganado mucho la humanidad entera, al elevar la vibración, la calidad, la prosperidad y la riqueza ilimitada que nos pertenece.

Este es el primero de una serie de libros y de materiales. Pomposamente les llaman "experimentadas" a las personas que se han caído y se han levantado. Y cada uno de los pasos que te acabo de platicar tuvieron caídas y tuvieron aprendizajes. Y todo ese conocimiento merece ser transmitido y merece que aquellos que están empezando lo puedan recibir.

Me ha fascinado compartirlo contigo. Es un placer.

Disculpa que no soy un escritor profesional. Soy un emprendedor: una persona con un gran espíritu y con una gran pasión que le fascina compartir. Agradezco la paciencia a los lectores por la sinceridad, por las posibles mejoras que puede haber, pero este material ha sido creado para compartir y transmitir la base de un legado.

Con un solo emprendedor que se haya visto beneficiado de nuestra experiencia ha valido completamente el esfuerzo.

Búscame en Facebook y en Twitter. Adoro compartir y me encantará que compartas conmigo tus experiencias y que juntos sigamos enriqueciendo esta comunidad de libertad financiera y riqueza desde el ser.

Quiero que hagamos equipo, que creemos proyectos, que crezcamos juntos. Tal como inicié diciendo: no quiero parecer ese gurú. Soy un emprendedor que sigue creciendo y busco nuevos emprendedores con quienes compartir y desarrollar proyectos. Agrégame y sigamos fortaleciendo esta comunidad y esta Escuela de Negocios.

Busca los entrenamientos de negocios, de libertad financiera, de explosión de ingresos y, sobre todo, de riqueza desde el ser, que definen y concentran la política de vida que adoptamos y compartimos cada día.

Y sobre todo, quiero reiterar: No me veas como un gurú ni como un experto. Soy tan humano como tú, como cualquier otro que se ha caído, que ha aprendido (a veces más, a veces menos) y que, sobre todo, le fascina compartir como amigo, en una charla de café, estas experiencias contigo, para que tú seas el siguiente en alcanzar Tu Primer Millón.

Dale *like* a mis redes sociales.

Facebook - www.facebook.com/Osvaldo.Ramirez.H

Twitter - @OsvaldoRamirez

Bendiciones y hasta pronto.

Índice.